AF649552

Katrin Macha • Gerlinde Ries-Schemainda • Nina-Sofia Schmidt

Kindorientierung in der pädagogischen Praxis

Katrin Macha | Gerlinde Ries-Schemainda | Nina-Sofia Schmidt

Kindorientierung in der pädagogischen Praxis

Aus Sicht der Kinder den Kita-Alltag gestalten

HERDER

FREIBURG · BASEL · WIEN

Im Sinne einer genderneutralen Sprache verwenden wir in diesem Buch den Begriff Kinder und verzichten auf die zweigeschlechtliche Formulierung „Mädchen und Jungen“. Damit möchten wir beitragen zur Auflösung geschlechterstereotyper Zuschreibungen.

MIX
Papier | Fördert gute Waldnutzung
FSC® C010798

www.herder.de

Umschlagkonzeption und -gestaltung: Röser MEDIA GmbH & Co. KG, Karlsruhe
Umschlagmotiv: Simon Baltins

Fotos im Innenteil: S. 9: © Sunflower Light Pro – shutterstock; S. 23: © kristall – AdobeStock; S. 43: © Oksana Kuzmina – shutterstock; S. 86: © FatCamera – GettyImages

Lektorat: Caroline Baumer, Freiburg
Satz: Röser MEDIA GmbH & Co. KG, Karlsruhe

Herstellung: GRASPO CZ, Zlín
Printed in the Czech Republic

ISBN Print 978-3-451-39449-2
ISBN E-Book (PDF) 978-3-451-82957-4
ISBN E-Book (EPUB) 978-3-451-82961-1

Inhalt

Einleitung

„Kinder sollen so sein dürfen, wie sie sind. Sie haben das Recht, ihr Leben selbst zu bestimmen."
(Janusz Korczak)

Dieses Zitat zeigt, worauf kindorientierte Pädagogik hinauswill: Kinder sind eigenständige Wesen – und das ist gut so. Sie wollen und können über sich selbst bestimmen. Dieses Buch möchte Sie darin unterstützen, diese grundlegende Haltung den Kindern gegenüber zu verinnerlichen.

Rennen wir mit unserem Anliegen bei Ihnen offene Türen ein? War es Ihnen schon immer wichtig, mit Kindern zu arbeiten, sich um sie zu kümmern, sie ernst zu nehmen und mit ihnen gemeinsam zu lernen? Wunderbar, denn genau da – an Ihrem Wissen und Ihren Erfahrungen – möchten wir anknüpfen und Ihnen eine systematische Auseinandersetzung mit Theorie und Praxis der Kindorientierung ermöglichen.

Unsere fachliche Grundlage und pädagogische Passion ist der **Situationsansatz**. Hier findet sich ganz selbstverständlich eine kindorientierte Grundhaltung, die sich in den Zielen (Autonomie, Solidarität und Kompetenz) genauso widerspiegelt wie in den theoretischen Dimensionen (Lebensweltenorientierung, Bildung, Partizipation, Gleichheit und Differenz, Einheit von Inhalt und Form) sowie den 16 konzeptionellen Grundsätzen.[1] Obwohl unsere Beispiele und Ausführungen in diesem Buch aus dem Kontext des Situationsansatzes kommen, können sie natürlich darüber hinaus ihre Wirkung entfalten und möchten auch Kitas inspirieren, die andere Ansätze leben.

Eine kindorientierte pädagogische Praxis wird in vielen Bildungsplänen in Deutschland als Ziel formuliert, und auch sonst im Fachdiskurs spielt die Kindorientierung eine wichtige Rolle für zeitgemäße Arbeit in Kindertageseinrichtungen. Nicht nur weil darin die Rechte von Kindern auf Eigenständigkeit, Selbstbehauptung und Selbstwirksamkeit lebendig werden, sondern weil diese Haltung die Grundlage für Akzeptanz und Solidarität mit anderen bildet.

Auch wenn die angespannte Personalsituation und bürokratische Hürden die Kindorientierung erschweren können, gibt es viele Beispiele, Bemühungen und Ansätze, sie allen Widrigkeiten zum Trotz in der Kita-Praxis umzusetzen. Die große Fachlichkeit und Freude von Fachkräften, die kindorientiert arbeiten, hat uns inspiriert, dieses Buch zu schreiben. Wir hoffen, dass wir so einen Beitrag leisten können, andere mit ihrer und unserer Begeisterung anzustecken.

Während die folgenden Kapitel Ihnen die Bandbreite des Begriffes Kindorientierung aufzeigen und eine geschärfte Vorstellung davon ermöglichen, tragen die Ideen und Reflexionsfragen im Buch dazu bei, schon morgen allein oder im Team mit der Umsetzung anzufangen. Stellen Sie sich den Aufbau der Kapitel so vor wie die Arbeit in einem Garten: Zuerst

1 Mehr über den Situationsansatz finden Sie in: Bicherl & Ries-Schemainda 2018; Kobelt Neuhaus, Macha & Pesch 2018; Macha 2022; Preissing & Heller 2009.

beschreiben wir, wie der Boden für ein gutes Wachsen der Kindorientierung gestaltet sein muss. Dabei geht es um Ihr Bild vom Kind, Ihre Rolle als pädagogische Fachkraft und auch darum, mit wem Sie zum Gelingen des Wachsens kooperieren können – also um die kindorientierten Grundhaltungen. In Kapitel 2 fragen wir uns, wie wir den Grund optimal für die Kinder und ihr Wachstum aufbereiten können. Dazu nehmen wir die spezifische Düngemischung der Kindorientierung in den Blick: Wir beschreiben, wie kindorientierte Prinzipien, wie Partizipation, wahrnehmende Beobachtung, Inklusion oder Kinderperspektiven, starke Wurzeln ermöglichen und einen Entwicklungsschub geben können.

Im dritten Kapitel sehen wir uns dann die Pflanzen an, die aus diesem Nährboden wachsen: Wie lassen sich Alltagssituationen wie das Wickeln, Ankommen/Verabschieden oder die Mahlzeiten kindorientiert gestalten? Wie können Fachkräfte Räume und Projekte individuell auf kindliche Bedürfnisse ausrichten? Wie können sie Kinder beim Umgang mit Konflikten oder beim Spielen im Alltag unterstützen, wie auf Augenhöhe mit ihnen kommunizieren? Dabei wollen wir Ihnen immer wieder die Gelegenheit geben, Ihre Rolle als Gärtner*in zu reflektieren und Ihr Handlungsrepertoire zu erweitern.

Konkrete Praxisbeispiele und Reflexionsfragen helfen Ihnen, die Impulse auf Ihre pädagogische Arbeit zu übertragen. Außerdem finden Sie im Buch immer wieder Auszüge aus realen Gesprächen mit Kindern, deren Veröffentlichung alle Familien zugestimmt haben. Sie wurden im Rahmen von Forschungsarbeiten zu Kinderperspektiven geführt. Sie bestätigen manchmal unsere Texte, manchmal zeigen die Kinder aber auch ergänzende Aspekte auf. Lassen Sie sich im Sinne der Kindorientierung von ihren Aussagen zum Nachdenken anregen. Die Dialogbeiträge der Erwachsenen inspirieren Sie vielleicht, selbst ähnliche Gesprächsimpulse zu setzen. Und sie zeigen, dass Dialoge immer spontan sind – dass manchmal Fragen und Antworten einander beflügeln, es manchmal aber auch schwerfällt, aufeinander einzugehen.

Reflexion

Nachdenken über Kindorientierung

Nehmen Sie sich ein paar Minuten Zeit, überlegen Sie ganz frei und notieren Sie anschließend Ihre Gedanken:

- Was verstehen Sie unter Kindorientierung?
- Was fällt Ihnen dazu ein und was ist Ihnen dabei wichtig?

Die Kindorientierung fußt auf einer großen Freude und dem Interesse, sich mit Kindern auseinanderzusetzen und von ihnen zu lernen. Sie animiert dazu, genau hinzusehen, wie Erwachsene Kinder auf ihrem Weg begleiten und unterstützen können. Lassen Sie uns diese Freude, die Sie hoffentlich in Ihrem Beruf spüren, gemeinsam mit diesem Buch weiter nähren.

Viel Spaß beim Lesen und Denken!

1.

Die Basics – den Boden bereiten

In diesem Kapitel erfahren Sie

- welche Bilder von Kindern in der Kindorientierung stecken
- was das für die Rolle der pädagogischen Fachkräfte bedeutet
- wie Erwachsene ihre Macht ausüben und reflektieren können
- welche Allianzen Sie bei der kindorientierten Arbeit eingehen können

1.1 Pädagogische Bilder von Kindern

„Wenn ich so darüber nachdenke, kann ich eigentlich alles", sagt Lotta aus der Krachmacherstraße in Astrid Lindgrens Buch „Lotta kann fast alles" (Lindgren 1977). Kennen Sie Lotta und ihre Abenteuer? Sie ist mutig, forsch, selbstbewusst, eigensinnig und reflektiert. Und sie inspiriert. Denn ihre Aussage regt uns zum Nachdenken an: Können Sie sich vorstellen, dass ein Kind (fast) alles kann? Oder wollen Sie dem Kind widersprechen? Was löst die Frage in Ihnen aus?

Als pädagogische Fachkraft haben Sie sich wahrscheinlich immer wieder mit kindorientierten Ansätzen in der Pädagogik auseinandergesetzt. Im Kern bedeutet diese Haltung: Kinder haben eigene Rechte. Ihr Recht auf Schutz, Förderung und Entwicklung sowie Beteiligung ist in der UN-Kinderrechtskonvention (United Nations 1989) verankert. Damit wird anerkannt, dass Kinder eine eigene Position haben, dass sie als Akteur*innen in unserer Gesellschaft ernst zu nehmen sind. Das hat Folgen für das Bild vom Kind als Grundlage für pädagogisches Handeln. Jasper Juul bringt es in dem Zitat auf den Punkt: „Kinder haben von Anfang an eine eigene Persönlichkeit und sind damit menschlich und sozial kompetente Partner" (Juul 2011, S. 3). Dabei ist wichtig anzuerkennen, dass alle Kinder unterschiedlich sind in ihren Bedürfnissen, Themen und Kompetenzen. Statt nach einem einheitlichen „Bild vom Kind" zu suchen, sollten wir darum eher von „Bildern von Kindern" sprechen.

Eins ist dabei ganz klar: Kinder haben einen maßgeblichen Anteil an dem, wie und was sie lernen, und Erwachsene begleiten sie dabei. Die Kindorientierung unterstreicht diesen Ansatz. Kinder werden in ihrer Einzigartigkeit, in ihrem Zugang zur Welt wahrgenommen. Kinder erleben, was um sie herum geschieht, und machen sich aus diesem Erleben in einem eigenen Schaffensprozess ein je eigenes Bild von dem, wie die Welt funktioniert und wie sie in dieser Welt agieren können. Dies geht klein los: Erfahren sie zum Beispiel Zuwendung und Mitgefühl, wenn sie weinen, dann trägt dies zu einem positiven Selbstbild bei. Sie erfahren, dass sie mit ihren Gefühlen ernst genommen werden. Auch wenn Kinder erleben, dass sie ignoriert werden, kann das Folgen haben. Möchte ein Kind beispielsweise einer erwachsenen Person etwas erzählen, diese dreht sich aber kommentarlos weg, weil sie mit etwas anderem beschäftigt ist, fühlt es sich dadurch nicht wichtig mit seinem Anliegen. Kommen solche Vorfälle häufiger vor, können sie das Selbstbild des Kindes beeinflussen. Denn solche Nicht-Reaktionen haben eine Wirkung auf das eigene Selbstwertgefühl.

Kindliches Lernen und Entwickeln hängt also immer mit den Reaktionen anderer Menschen zusammen. Es ist immer auch eingebettet in gesellschaftliche Verhältnisse und hängt von den Lebensbedingungen der Kinder ab. Schlechte Bedingungen können die Entwicklung ihres Potenzials behindern, wenn zum Beispiel in einer Familie Arbeitslosigkeit und Hoffnungslosigkeit herrscht und sie die Sorgen und Nöte ihrer Eltern miterleben und auf sich übertragen. Jedoch zeigt sich auch hier, dass Kinder verschieden auf diese Bedingungen reagieren und damit umgehen lernen. Dabei spielt Resilienz eine große Rolle, also die Fähigkeit, mit belastenden Lebensumständen und Stress erfolgreich umgehen zu können und widerstandfähig zu werden. Manche Kinder entwickeln zum Beispiel einen großen Ehrgeiz, sich aus einer solchen Situation zu befreien, und suchen sich gezielt andere Erwachsene, die ihnen dort Zuspruch geben, wo sie ihn zu Hause nicht bekommen (vgl. Largo 2018).

Kinder sind klar in der Lage, Situationen, die sie betreffen, zu beurteilen und zu entscheiden. Bekommen sie die nötigen Informationen, können sie sich auf dieser Grundlage eine Meinung bilden und sie äußern. Wenn sie erleben, dass ihre Meinung anerkannt und gehört wird, hat das wiederum Folgen für ihr Selbstbild und sie können diese Fähigkeit weiterentwickeln. Dies zeigen Kinder zum Beispiel, wenn sie gemeinsam mit einer pädagogischen Fachkraft überlegen, wie sie einen Raum in der Kindertageseinrichtung umgestalten können. Haben Sie das in Ihrem pädagogischen Alltag schon einmal erlebt? Kinder sind oft sehr stolz, wenn sie zeigen und erklären können, wie und warum ein Raum sich verändert hat und was ihr Anteil daran war.

Kinder haben auch einen Sinn für Gemeinschaft und Fürsorge bzw. Solidarität mit anderen Menschen. Insbesondere wenn sie selbst in ihren Bedürfnissen gesehen werden, beginnen sie schon früh, sich auch um andere zu „kümmern", zum Beispiel indem sie weinende Kinder trösten. Auch ältere Kinder zeigen immer wieder Solidarität, etwa wenn sie für ihre*n beste*n Freund*in, der* die später zum Essen kommt, etwas vom leckeren Pudding aufheben. Oder wenn sie mit Begeisterung im Winter eine große Sammelaktion starten, um die Obdachlosen, die sie immer wieder auf ihrem Weg zur Kita sehen, mit warmer Kleidung und Decken zu versorgen.

Reflexion

Über Bildern von Kindern (im Team) nachdenken

- Notieren Sie in Stichworten die Aspekte zum kindorientierten Bild von Kindern, die in diesem Abschnitt benannt werden.
- Welchen Aspekten stimmen Sie zu und warum? Haben Sie an manchen Stellen ein anderes Verständnis und warum?
- Stellen Sie die kindorientierten Bilder von Kindern einer Kollegin oder einem Kollegen vor und diskutieren Sie gemeinsam, inwieweit Sie dem zustimmen und was sie anders sehen.

1.2 Rolle der pädagogischen Fachkraft

Wenn wir wie Lindgrens Lotta davon ausgehen, dass Kinder (fast) alles können, dann hat das Konsequenzen für das pädagogische Handeln und die Rolle, die Fachkräfte in der Kita-Praxis einnehmen. Pädagog*innen sind Begleitende, Impulsgebende und Dialogpartner*innen. Was heißt das bezogen auf die Kindorientierung?

Kindorientierte Pädagogik stellt Kinder in ihrer jeweiligen Eigenart in den Mittelpunkt. Sie werden anerkannt mit ihren Ideen, Hoffnungen, Kompetenzen und Entwicklungsmöglichkeiten. Den Fachkräften kommt dabei die Aufgabe zu, ihre Lern- und Entwicklungswege zu unterstützen, ihnen zur Seite zu stehen. „Sie sind dann auf dem richtigen Weg, wenn sie genau beobachten, hinhören, sich einfühlen und zu verstehen versuchen, in welcher Weise sich dieses Kind, das ja seine ureigene Geschichte mitbringt, die Welt aneignet, wie dieses Kind bei seinen Forschungsvorhaben unterstützt und ermutigt werden kann" (Zimmer 2006, S. 19).

Pädagogische Fachkräfte sind also selbst Forschende. Sie versuchen herauszufinden, was bei den Kindern los ist, welche Erfahrungen, welchen Hintergrund und welche Fragen oder Bedürfnisse ein Kind mitbringt. Dafür gibt es gute Instrumente, wie zum Beispiel die wahrnehmende Beobachtung (siehe Kapitel 2.4), die Erhebung der Kinderperspektiven (siehe Kapitel 2.5) oder die Einbeziehung der Lebenswelten der Kinder (siehe Kapitel 2.7). Aufbauend auf dieser Erkundung überlegen Fachkräfte dann, wie sie darauf in ihrer Praxis reagieren können. Dabei stellen sie das Kind in den Mittelpunkt und überlegen, was es brauchen könnte und in welcher Weise sie es bestmöglich unterstützen können.

Seit ein paar Wochen erzählen viele Kinder von ihren Haustieren und manche bringen ihre Tiere sogar in die Kita mit. Das bringt allen viel Freude, aber Erzieher Samir fällt auf, dass besonders Celine immer ganz nah an den Tieren sitzt. Sie möchte sie ausdauernd streicheln und geht sehr behutsam und fürsorglich mit ihnen um. Samir spürt, dass das Mädchen einen besonderen Draht zu den Tieren hat. Deshalb sprechen sich Sonja und Samir im Team dazu ab, dass sie zukünftig besonders mit Celine über Tiere sprechen und mehr über ihre Erfahrungen herausfinden wollen. Als Jona seinen kleinen Hund mitbringt und alle einen Spaziergang mit ihm machen, bleibt Celine irgendwann traurig zurück. Sie erzählt Sonja, dass sie den Hund ihrer Nachbarin früher immer ausführen durfte. Doch er ist vor einem Jahr gestorben. Als Sonja die Mutter beim Abholen auf den Hund anspricht, bestätigt diese, dass sich ihre Tochter sehr einen Hund wünscht. Allerdings können sie sich keinen leisten. Die Erzieherin weiß bereits, dass Celine mit ihrer Mutter und ihren drei Geschwistern in einer kleinen Wohnung wohnt.

Auch in der Kinderrunde erzählt Celine nun von ihrem Wunsch, ein Tier zu besitzen, und dass das nicht möglich ist. Die Kinder haben gleich viele Ideen, wie sie ihr helfen könnten. Zum Beispiel bietet ihr Jona eine Spazierpatenschaft an. Irgendwann fangen Achmets Augen an zu leuchten: „Wir können hier in der Kita ein Tier haben!" Aufgeregt erzählt er, dass es in der Kita, in die sein Cousin geht, Hasen gibt. Nach vielen weiteren Gesprächen mit den Eltern, dem Team und der Leitung wird das Projekt „Hasen in der Kita“ gestartet. Celine ist glücklich und kümmert sich mit großer Hingabe um die Tiere.

Natürlich müssen nicht immer große Projekte oder eine neue konzeptionelle Ausrichtung aus einer Beobachtung entstehen. Manchmal können pädagogische Fachkräfte bereits durch kleine Veränderungen viel bewirken. So können sie etwa individuell auf die Bedürfnisse und Themen der Kinder eingehen, indem sie mehr Zeit für Gespräche nach einer familiären Veränderung aufwenden oder neue Kinderbücher anschaffen, mit denen sich die Kinder eher identifizieren.

Drei Ebenen der pädagogischen Rolle

Um Kinder als Pädagog*in kindorientiert begleiten zu können, braucht es drei Ebenen.

Pädagogische Fachkräfte erkunden die Situationen der Kinder. Sie erforschen, wie es ihnen geht, beobachten, welche Entwicklungen sie machen. Sie gehen diese Wege mit den Kindern mit und lassen sich auf ihre manchmal eigenwilligen Ideen ein. Sie sind sich dabei bewusst, dass sie nicht unbedingt wissen, was für ein Kind das Richtige ist, sondern vertrauen auf den Austausch und die Richtung, die das Kind selbst weist. Dies zeigen Sonja und Samir auch in dem Fallbeispiel: Sie nehmen sehr genau wahr, was Celine beschäftigt, und erkunden ihre aktuelle Lage.

Pädagogische Fachkräfte gehen in den Dialog mit den Kindern. Sie sprechen mit ihnen, hören zu, denken gemeinsam Neues und lassen sich von den Ideen und Visionen der Kinder inspirieren. Dies zeigen Sonja und Samir, indem sie auf die Idee der Kinder eingehen, Tiere in der Kita zu halten. Sie bringen dabei – als gleichberechtigte Dialogpartner*innen– ihre Ideen oder manchmal auch Befürchtungen ein und zeigen sich mit ihrer Persönlichkeit.

Pädagogische Fachkräfte geben Impulse. Sie unterstützen Kinder darin, ihre Erfahrungs(spiel)räume zu erweitern. Sie ermöglichen neue, ungewöhnliche und bestärkende Erlebnisse für Kinder. Dazu überlegen sie genau, wie eine Erweiterung des Erfahrungsraums für die einzelnen Kinder aussehen könnte und wie sich diese neuen Impulse setzen lassen. Bereits kleine Anregungen können Kinder in ihrer Entwicklung unterstützen. Vielleicht stellen sie verschiedene (Kultur-)Techniken vor, wie zum Beispiel das Essen mit Löffel, Gabel, Messer, mit Stäbchen oder mit Fladenbrot und Fingern. Pädagogische Fachkräfte warten dann ab, wie die Kinder auf diesen Impuls reagieren. Ebenso eignen sich Kinderbücher, zum Beispiel ein Sachbuch über Mode, Leben in früheren Zeiten oder Naturphänomene, um die Auseinandersetzung mit einem neuen Thema anzuregen.

Das Team eines Kindergartens möchte im Alltag neue Impulse setzen. Dazu ergänzt es die Bibliothek um einige Sachbücher. Sobald die neuen Bücher da sind, stürzen sich einige Jungen auf „Bei den Römern“. Besonders die Seiten über die römische Armee scheinen sie zu faszinieren. Die Fachkräfte suchen das Gespräch mit ihnen. Dabei wird deutlich, dass sich Max, Jassin und Torben für die verschiedenen Kampftechniken und ihre Waffen interessieren. Die pädagogischen Fachkräfte lassen sich auf die Fragen und Interessen der Kinder ein. Als sie die Themen in die Gruppe tragen, ergibt sich ein großes Projekt zum Thema römische Wettkämpfe mit mehreren Besuchen in einem Museum für römische Geschichte sowie Unterricht in verschiedenen Kampftechniken.

Dieses Rollenverständnis braucht flexible Erwachsene, die Spaß haben, von den Kindern zu lernen, die Ungewöhnliches willkommen heißen und die ernst nehmen, was bei den Kindern wichtig ist. Dazu müssen sie sich regelmäßig reflektieren, ihre eigene Haltung hinterfragen und sich auf den eigenen kontinuierlichen Weiterentwicklungsprozess einlassen.

Reflexion

Nachdenken über die eigene Rolle

Beobachten Sie sich in den nächsten drei Tagen einmal ganz genau während der Arbeit mit den Kindern. Nehmen Sie dabei die drei Rollen als

- Begleiter*in,
- Dialogpartner*in,
- Impulsgeber*in

in den Blick und notieren Sie Ihre Beobachtungen.

Sprechen Sie dann mit einer Kollegin oder einem Kollegen über Ihre Erfahrungen:

- In welchen Situationen verwirklichen Sie die drei Rollenaspekte?
- Was fällt Ihnen besonders leicht und warum könnte das so sein?
- Was fällt Ihnen schwer und woran könnte das liegen?

Es ist gar nicht so einfach, die verschiedenen Rollen einer pädagogischen Fachkraft in einer kindorientierten Pädagogik im Alltag immer zu verwirklichen, wenn Rahmenbedingungen und die gesellschaftliche Situation die Arbeit anstrengend machen. Zum Glück gesteht die kindorientierte Pädagogik auch Erwachsenen das Entwicklungspotenzial und Lernen an den eigenen Fragestellungen zu. Durch Ausprobieren und Reflektieren, durch die Bereitschaft, immer wieder neu zu denken, sowie durch den wichtigen Austausch im Team können Sie die Rollen Stück für Stück für sich ausfüllen und sich selbst weiterentwickeln.

1.3 Vom Umgang mit der Macht

„Wo kommen wir da hin, wenn Kinder nur noch machen, was sie wollen?!" – „Wir lassen uns doch nicht von den Kleinen auf der Nase herumtanzen!" – „Kinder müssen auch mal lernen, sich an unsere Regeln zu halten." Bei kindorientierten Ansätzen können aus der Elternschaft, aber auch aus dem Team kritische Stimmen laut werden. Doch wenn Kinder in den Fokus gerückt werden, bedeutet das nicht, dass Regeln und gegenseitige Wertschätzung nicht mehr wichtig sind. Im Gegenteil: Schon Astrid Lindgren machte deutlich, wie zentral in der Beziehung zwischen Kindern und Erwachsenen der Respekt voreinander ist. „Ganz gewiss sollen Kinder Achtung vor ihren Eltern haben, aber ganz gewiss sollen auch Eltern Achtung vor ihren Kindern haben und niemals dürfen sie ihre natürliche Überlegenheit missbrauchen" (Lindgren & Törnqvist 2000, S. 75).

In der Beziehung zwischen Kindern und Erwachsenen haben Letztere aufgrund ihres Alters und ihrer Stellung in der Gesellschaft mehr Macht. Sie sind zum Beispiel diejenigen, die die meisten Dinge im Alltag entscheiden können – und Kinder müssen mitmachen, ob sie wollen oder nicht. Da sie aufgrund ihres Erwachsenseins eine Vormachtstellung Kindern gegenüber haben, müssen sie mit dieser bewusst umgehen.

Macht spielt in unserer Gesellschaft eine große Rolle. Es gibt Menschen mit viel Macht, wie den*die Bundeskanzler*in, ein*e Konzernchef*in, ein*e Direktor*in. Sie alle sind auf unterschiedliche Weise in ihre Rolle gekommen: Manche werden gewählt, manche machen erfolgreich Karriere und erarbeiten sich die Macht, manche haben auch durch ihre Geburt Macht, da sie aus einer reichen Familie kommen. Andere Menschen verfügen in unserer Gesellschaft über wenig Macht, zum Beispiel Putzkräfte, Hilfskräfte oder Obdachlose. Sie sind abhängig von Menschen, die Entscheidungen für sie treffen oder die ihre Arbeits- oder Lebensbedingungen bestimmen. Wie geht es Ihnen, wenn Sie diese – zugegeben plakative – Gegenüberstellung lesen? Wer fühlt sich wohl besser, freier, selbstbewusster?

Die meisten Menschen leben eher in der Grauzone, also zwischen diesen Gegensätzen. Besonders in Beziehungen zu anderen wechselt das Machtverhältnis oft, sodass wir uns in unserem Alltag mal auf der machtvolleren Seite befinden und uns dann wieder fügen müssen. Haben sie einen guten Stand im Kita-Team und verfügen sie über viel Erfahrung, fällt es Fachkräften etwa leichter, sich in der Einrichtung gegen die Meinung einer neuen Kollegin durchzusetzen. Wenn zum Beispiel die Leitung den Rahmen für ihr Budget für neues Spielzeug festlegt, befinden sie sich allerdings schnell wieder auf der anderen Seite.

Da erwachsene Personen im Vergleich zu Kindern über mehr Macht verfügen, bemüht sich eine kindorientierte Pädagogik darum, das Machtverhältnis kritisch zu hinterfragen. Fachkräfte tragen die Verantwortung dafür, genau zu analysieren und immer wieder zu reflektieren, wo und wie sie diese Macht bewusst oder unbewusst ausüben. Dazu gehört auch der eigene Umgang mit Emotionen.

Reflexion

Nachdenken über die eigene Wut

- Erinnern Sie sich an Situationen, in denen Sie wütend auf Kinder waren?
- Wie haben Sie reagiert?

Überlegen Sie gemeinsam mit Kolleg*innen, welche Handlungsstrategien Sie entwickeln können, bei denen Kinder nicht unterdrückt, abgewertet oder beschämt werden.

Um die eigenen Gefühle und das Verhalten, das daraus entsteht, zu reflektieren, kann das Team sich gegenseitig unterstützen. Neigen Fachkräfte etwa dazu, vorschnell aus Wut heraus zu agieren, bietet sich eine kollegiale Beratung mit Kollegen und Kolleginnen an. Dort können sich die Pädagog*innen in einem vertrauensvollen Kreis offen austauschen. Wann und wie üben sie Macht aus? In welchen Situationen haben sie die Grenzen der Kinder überschritten, welche Sätze oder welches Verhalten hat Kinder beschämt? Indem einzelne Situationen aus dem Kita-Alltag selbstkritisch besprochen werden, erhalten Fachkräfte die Möglichkeit, sich in die Perspektive des Kindes hineinzuversetzen. Dabei können sie ergründen, welche Wirkung Sätze haben wie: „Hör auf zu weinen! Sieh dir lieber an, was du gemacht hast!" Als Kind würden sie sich bei dieser Aussage klein, nicht gesehen und ohnmächtig fühlen. Im Anschluss können sich pädagogische Fachkräfte überlegen, wie sie in angespannten Situationen zukünftig besser reagieren können. Die Lösungsansätze dafür sind so individuell wie die Erwachsenen selbst. Auch kleine Tipps, wie erst einmal bis 10 zu zählen, wenn die Wut hochkocht, können bereits vor Machtmissbrauch schützen.

Erwachsene Person (E): Kommt es manchmal vor, dass ihr mit Stöcken kämpft oder euch haut oder schlagt oder so?

Kind 1 (K1): Also wir tun immer so, als würden wir kämpfen.

E: Und so tun als ob, das geht?

K1: So tun dürfen wir, aber wir dürfen nicht so in echt.

E: Was passiert, wenn ihr so in echt kämpft?

K1: Dann kriegen wir Ärger und einer von uns muss am Tisch sitzen, bis Mittagessen ist.

E: Okay. Und warum muss der Mensch dann da sitzen, bis Mittagessen ist?

K1: Weil wenn man dann echt kämpft, muss einer, der richtig doll echt gekämpft hat, muss dann am Tisch sitzen.

E: Okay, und warum, denkst du, muss der am Tisch sitzen?

K1: Weil der den anderen voll boxt.

E: Und wenn man am Tisch sitzt, was passiert dann? Dann will man nicht mehr boxen?

K1: Dann kriegt man richtig Ärger.

E: Und wie findest du das? Ist das gut, dass sie dann am Tisch sitzen?

K1: Nein.

E: Und sich erholen, oder können die dann malen oder essen? Oder was machen die dann?

K1: Nein, das finde ich nicht gut.

E: Warum findest du das nicht gut?

K1: Weil man dann bis Mittagessen am Tisch sitzt.

E: Und was macht man, wenn man dann am Tisch sitzt?

K1: Dann kann man nur malen und basteln?

E: Ah, und das macht dir nicht so Spaß?

K1: Ja, das macht mir gar kein Spaß.

In der kindorientierten Pädagogik geht es auch darum, die Macht mit den Kindern zu teilen und möglichst viele Entscheidungen gemeinsam zu treffen. Dazu gehört, ihre Entscheidungen und Wünsche zu respektieren und zumindest ihre Meinung zu den Dingen einzuholen, die sie betreffen.

Carlos (4,2 Jahre) trägt an einem Tag eine neue Mütze, die er den ganzen Vormittag nicht absetzt. Stolz erklärt er, dass sein Onkel aus Amerika sie ihm geschenkt hat. Zum Mittagessen bittet Erzieherin Jessica ihn, die Mütze abzunehmen, denn in der Kindertageseinrichtung gibt es die Regel, dass beim Essen keine Kopfbedeckung getragen werden darf. Carlos beginnt zu weinen, er will die Mütze nicht abnehmen. Da Jessica ihn nicht beruhigen kann, kommen die anderen Fachkräfte hinzu und auch ein paar Kinder reden mit. Nach und nach versuchen sie die Situation zu sortieren.

Pascal, der gerade seinen Bundesfreiwilligendienst in der Einrichtung absolviert, fragt irgendwann, warum es eigentlich das Mützenverbot gibt. Alle gucken sich verdutzt an. Sabine, eine Kollegin, die schon lange in der Einrichtung arbeitet, sagt, dass es gute Gründe dafür gab. Weil Carlos immer noch weint und die Mütze auf dem Kopf festhält, schlägt Jessica eine pragmatische Lösung vor – auch damit das Essen nicht kalt wird. Heute kann Carlos seine Mütze anbehalten. Da er sich daran nicht stört, macht Pascal Tischdienst an Carlos' Tisch. Außerdem fragen die beiden die anderen Kinder am Tisch, ob sie mit der Mütze einverstanden sind. In der nächsten Teamsitzung und der nächsten Kinderkonferenz wollen sie gemeinsam noch einmal über das Thema Kopfbedeckung beim Essen sprechen und dann grundsätzlich entscheiden.

Das Beispiel zeigt: Wenn Erwachsene bereit sind, nicht stur ihre Vorstellungen und Regeln durchzusetzen, sondern nachzufragen und sich einzulassen auf andere Ideen, findet die Gruppe oft eine Lösung, mit der alle leben können – auch wenn es etwas länger dauert. Der Aushandlungsprozess ist nicht immer leicht auszuhalten, unter anderem weil pädagogische Fachkräfte sich zusätzlich in anderen Machtbeziehungen befinden und zum Beispiel von den Familien oder vom Team Druck spüren, bestimmte Dinge durchzusetzen. Sie als pädagogische Fachkraft fragen sich dann vielleicht:

- Wenn Kinder kompetent über ihren Körper entscheiden können: Was mache ich, wenn sie sich nicht wickeln lassen wollen?
- Wenn ich die Entscheidungen der Kinder über ihren Spielort respektiere: Wie organisiere ich das, wenn wir einen Ausflug machen, aber ein Kind in der Kita bleiben will, wo ich die Aufsichtspflicht nicht sicherstellen kann?
- Wenn Kinder mitbestimmen: Was mache ich, wenn Kinder sich eine Spielekonsole im Hort wünschen?

In der Tat gibt es keine leichten Antworten auf diese Fragen. Macht abzugeben und Kindern Macht zuzugestehen ist ein Prozess, in dem beide Seiten und Sichtweisen gehört werden und wichtig sind. In der Kindorientierung werden den Ansichten und Bedürfnissen von Kindern und Erwachsenen möglichst gleich viel Bedeutung beigemessen und möglichst oft ein Aushandlungsprozess gestartet. Daraus entstehen dann immer wieder andere und neue Wege, die Situation zu bewältigen.

Die pädagogische Fachkraft Esther bemerkt, dass Alinas Windel voll ist und stinkt. Sie fragt die 1,5-Jährige, ob sie zum Wickeln mitkommen möchte. Alina schüttelt den Kopf und spielt weiter. Esther antwortet „Okay“, zieht sich zurück und wartet ab. Sie beobachtet Alina in der Puppenecke. Mit großer Konzentration stellt Alina die Tasse auf den kleinen Teller, hebt beides vorsichtig hoch und platziert es auf einer anderen Tasse. Esther überlegt: Soll sie ihr vorschlagen, das Geschirr zum Wickeln mitzunehmen? Vielleicht hat sie Angst, dass ihr ein anderes Kind das Spielzeug wegnimmt. Erst letzte Woche hat Alina das Geschirr gegenüber Mia verteidigt. Während sie abwägt, fällt ihr auch ein, dass sie das Mädchen noch nie gewickelt hat. Ob es daran liegt, dass Alina nicht mit ihr zum Wickeln kommen will? Obwohl sie den Geruch kaum noch aushält, möchte sie nicht die Grenze des Kindes überschreiten.

Zum Glück kommt gerade Alinas Bezugserzieher John in den Raum. Esther berichtet ihm von ihren Überlegungen. Er bestätigt, dass Alina nicht gern von anderen Menschen angefasst werden möchte, und dankt ihr, dass sie gewartet hat. Als er zum Mädchen geht und fragt, ob er sie wickeln kann, sieht Esther mit einer kleinen Genugtuung, dass Alina den Kopf schüttelt. Erst als er sagt, dass sie das ganze Geschirr ja mitnehmen kann, steht die 1,5-Jährige bereitwillig auf und sortiert die Tassen und Teller in einen Korb. Zufrieden trägt sie den Korb ins Bad.

Kindorientierte Pädagogik setzt an den Knackpunkten im pädagogischen Alltag an: durch unterschiedliche Sichtweisen von Kindern und Erwachsenen ist es oft eine Herausforderung, an einem Strang zu ziehen. Erwachsene bestimmen aufgrund ihrer Macht viel zu oft, was passiert. Im Sinne der Kindorientierung nehmen pädagogische Fachkräfte die Bedürfnisse der Kinder auf sensible Weise ernst, wägen ab und geben Macht an sie ab.

Reflexion

Auf Entdeckungstour zu Entscheidungen

Begeben Sie sich in den nächsten drei Tagen in Ihrer Einrichtung auf Entdeckungstour und notieren Sie Ihre Beobachtungen:

- In welchen Situationen entscheiden Sie als pädagogische Fachkraft?
- In welchen Situationen entscheiden die Kinder? Und – Hand aufs Herz – können sie das wirklich entscheiden?

1.4 Zusammenarbeiten

Kindorientiert zu arbeiten ist leichter, wenn alle in der und um die Einrichtung zusammenarbeiten, in die gleiche Richtung gehen, auf Kinder achtgeben und sie ernst nehmen. Holen Sie Ihr Team, die Eltern und Ihre kooperierenden Organisationen und Personen wie therapeutische Fachkräfte, Lehrkräfte oder anderen Expert*innen im Sozialraum ins Boot! Denn wie heißt es so treffend in einem afrikanischen Sprichwort? „Es braucht ein ganzes Dorf, um ein Kind großzuziehen!“

Das Aufwachsen von Kindern wird von vielen Personen begleitet. Alle tragen Unterschiedliches zu ihrer Entwicklung bei. Mit dem kindorientierten Blick ergeben sich dabei Koalitionen und Herausforderungen.

Bei der Frage, wer am Entwicklungsprozess der Kinder teilhat und Kita-Fachkräften zur Seite steht, muss natürlich die erste Antwort lauten: das Kind, **die Kinder selbst**. Mit ihnen arbeiten Sie zusammen an deren Fragen und können sich auf ihre Expertise und Kooperation verlassen. Gemeinsam begeben Sie sich auf Abenteuer, erforschen die Welt. Sie handeln gemeinsam aus, wie Sie Ihr Zusammenleben gestalten möchten. Die Kinder geben dabei alle notwendigen Hinweise über das, was ihnen wichtig ist – und sie bieten Unterstützung, damit Sie diese in Ihrem pädagogischen Handeln aufgreifen können. Kinder sind eine wertvolle Ressource für die Ausgestaltung des Alltags in einer Kindertageseinrichtung, auf die wir viel zu selten zurückgreifen!

Allerdings bearbeiten Sie mit den Kindern (nur) die kindbezogene Seite der Fragen und Themen. Sie entwickeln zum Beispiel mit ihnen Ideen über den Ort und die Form eines neuen Klettergerüsts. Natürlich können Sie der Gruppe mitteilen, dass sie ein bisschen Sorge haben, dass die Kinder herunterfallen könnten, wenn das Gerüst zu hoch wird. Doch sollten

Sie grundsätzlich Angst empfinden, weil Sie vielleicht einmal erlebt haben, dass ein Kind schlimm gestürzt ist, behalten Sie das bitte für sich. Denn Gefühle wie diese müssen Sie auf Erwachsenenebene reflektieren – und dann auch damit selbst umgehen bzw. mit einem entsprechenden professionellen Unterstützungssystem daran arbeiten. In dem Beispiel wären Sie aktuell wahrscheinlich nicht die richtige Person, um mit den Kindern eine aufregende Kletterlandschaft zu entwickeln. Sie und Ihr Team täten deshalb gut daran, zu überlegen, wer vielleicht für die Planung besser infrage kommt.

Denn Ihre **Kolleg*innen im Team** sind eine wichtige Ressource für Sie in der kindorientierten Arbeit: Gemeinsam können Sie sich in Ihren Lern- und Entwicklungsprozessen unterstützen, sich hinterfragen, bestärken und kindorientiertes Handeln ausprobieren. Geben Sie sich regelmäßig und zeitnah Rückmeldungen zu Ihrem pädagogischen Handeln und stärken Sie einander: „Ja, der Sandkasten im Raum ist eine tolle Idee! Ich habe auch bei anderen Kindern beobachtet, dass sie die Blätter und den feuchten Sand nach dem Regen draußen nicht mögen.“

Dazu gehört auch eine konzeptionelle Diskussion, welche Grundwerte und Ausrichtungen in Ihrer Kindertageseinrichtung gelten sollen. Wie das konkret in Ihrer Einrichtung umgesetzt wird, stimmen Sie im Team miteinander ab, probieren aus, reflektieren darüber und stellen Zwischenergebnisse immer wieder auf den Prüfstand. So können Sie zum Beispiel die Erkenntnisse, die Sie beim Lesen dieses Buches gewinnen, Ihrem Team vorstellen und gemeinsam überlegen, was das für die Arbeit in Ihrer Einrichtung bedeutet. Wollen Sie Abläufe, Strukturen oder Herangehensweisen verändern? Nur zu, trauen Sie sich mit den anderen darüber ins Gespräch zu gehen. Bedenken Sie dabei, dass Aushandlungsprozesse wie bei den Kindern zwar meist mehr Zeit brauchen, sie führen aber auch auf allen Seiten zu mehr Zufriedenheit.

Die Zusammenarbeit mit den Familien ist auf einer anderen Ebene essenziell: **Eltern und andere Familienmitglieder** können Ihnen dabei helfen herauszufinden, welche Themen, Interessen und Bedürfnisse Kinder haben. Sie kennen sie gut und erleben sie täglich in ihrem familiären Umfeld. Dies gibt Ihnen wichtige Hinweise darauf, was die Kinder bewegt. Eltern erzählen zum Beispiel oft sehr gern, welche Spiele ihr Kind zurzeit bevorzugt, womit sie in der Familie gerade nicht zurechtkommen oder welche Konflikte aktuell ausgetragen werden. Auch bei der Bearbeitung der Themen sind Familien wertvolle Partner*innen. Wenn ein Kind neue Kompetenzen entwickelt oder bestimmte Entwicklungsschritte durchlebt, können beide Lebensorte – Familie und Kindertageseinrichtung – Hand in Hand miteinander arbeiten und ihm dadurch ergänzende Erfahrungsräume zur Bewältigung der Aufgabe geben. Dies gilt für die ersten Versuche, auf die Toilette zu gehen, genauso wie für das Interesse an Bewegung, welches zu Hause und in der Einrichtung bedient werden kann.

Nicht zuletzt müssen Fachkräfte mit den Familien eng im Dialog stehen, um ungewöhnliches Verhalten oder Handeln im Rahmen der Kindorientierung gut zu kommunizieren, um über kindliche Bedürfnisse zu sprechen und um Irritationen im Sinne des Kindes früh auszuräumen. Denn wenn Familien die Entscheidungsfreiheit von Kindern (noch) nicht gewöhnt sind, ist es hilfreich, wenn das Kita-Team die Positionen und Entscheidungen der Kinder vertreten und verstärken, um ihnen mehr Geltung zu verschaffen. Zum Beispiel verstehen manche Eltern (oder Großeltern) nicht, wenn ihr Nachwuchs nicht mehr in der Einrichtung schlafen möchte und die Fachkräfte ihn nicht dazu zwingen. Hier braucht es einen feinfühligen Dialog mit den Eltern, in dem sie merken, dass auch ihre Bedürfnisse und Sorgen anerkannt werden. Erläutern die Fachkräfte ihnen auf Augenhöhe, warum es wichtig ist, dass Kinder für sich selbst entscheiden, ob sie schlafen möchten, regen sie bei den Familien einen Denkprozess an, in dem sie auch ihren eigenen Erziehungsstil reflektieren.

Auch gegenüber **Kooperationspartner*innen** ist es manchmal notwendig, als Verbündete der Kinder aufzutreten und deren Entscheidungen und Bedürfnisse mit zu vertreten und zu unterstützen. Warum darf zum Beispiel die Logopädin ein Kind nicht zwingen, zur Therapie mitzukommen? Warum soll ein Musikpädagoge die Liederauswahl mit den Kindern besprechen? Auf solche Ideen kommen nicht alle Menschen von allein. Und da die Kinder auch in diesen Beziehungen weniger Macht haben (siehe Kapitel 1.3), empfiehlt es sich, wenn Sie darauf hinweisen und zwischen den Kooperationsstellen und den Kindern vermitteln. So wird wahrscheinlich schnell für alle klar, warum das Kind zum Beispiel nicht zur Therapie mitwill oder keinen Spaß am Singen hat. Auf dieser Basis können alle Beteiligten kreative Lösungen entwickeln, wie etwa eine*n Freund*in des Kindes ebenfalls zur Therapie einzuladen oder die Therapie ins Außengelände zu verlagern. Und vielleicht hat ein Kind auch eher Interesse daran, zu rappen oder den Chor mit einem Rhythmusinstrument zu begleiten.

Lassen sich die Kooperationspartner*innen auf ein solches Aushandeln nicht ein, müssen Teams in Kindertageseinrichtungen abwägen, ob sie die Zusammenarbeit aufkündigen und nach anderen suchen, die eher kindorientiert arbeiten. Nur Mut, die gibt es überall! Eine große Bandbreite an Expert*innen sowie Kontaktstellen außerhalb der Kita zu kennen und für die pädagogische Arbeit an den Themen der Kinder zu nutzen, ist in vielerlei Hinsicht wertvoll für die kindorientierte Pädagogik. Dadurch eröffnen sich neue Denkwege und oft können diese Profis, die ihre Aufgabe lieben, große Begeisterung bei den Kindern wecken. Interessieren sich die Kinder für Autos? Dann besuchen Sie eine Werkstatt, in der die Kinder vielleicht sogar selbst Hand anlegen können. Wollen Sie die Kinder für Zahnpflege begeistern? Dann finden Sie einen Zahnarzt oder eine Zahnärztin, die Freude haben, den Kindern in Ruhe die Praxis zu zeigen.

In der Zusammenarbeit mit anderen Institutionen im Sozialraum, wie dem sozialpädiatrischen Dienst oder Grundschulen, können Kindertageseinrichtungen mit einem kindorientierten Profil als Verbündete für Kinder agieren. Sie können ihre pädagogische Arbeit darstellen und die damit verbundenen Grundhaltungen transparent machen. Im Sinne der Kinderrechte sollten sie einfordern, dass Mitarbeitende aus diesen Institutionen die Kinder in ihren Rechten anerkennen.

Das Team der Kita hat sich überlegt, die Lehrkräfte aus den drei Schulen, in die die Kinder wechseln, regelmäßig zu Praxistagen einzuladen. Dort können die Lehrpersonen die Arbeit in der Kindertageseinrichtung durch eine Hospitation erleben. Immer wieder erklären die Fachkräfte dabei den Lehrkräften, was sie warum tun – oder nicht tun. Im ersten Jahr nehmen zwei Lehrerinnen aus einer Schule teil. Im zweiten besuchen schon zwei Schulen die Kita. Im dritten Jahr berichten die Lehrkräfte begeistert, dass sie das Verhalten der Kinder in ihrer Klassen durch die Hospitationen nun viel besser verstehen und auch leichter darauf eingehen können.

Zum Glück sind Sie nicht allein, wenn Sie kindorientiert arbeiten, sondern können sich auf viele andere Personen verlassen und mit ihnen den Weg gemeinsam gehen. Die Kinder, Ihr Team, die Familien und Ihr Kooperationsnetzwerk stehen Ihnen zur Seite. Zwar macht die Zusammenarbeit manchmal ein bisschen Mühe, wenn Sie erst Überzeugungsarbeit leisten müssen. Aber seien Sie versichert: Die Kinder werden es Ihnen danken!

Reflexion

Kooperationen auf dem Prüfstand

Wenn Sie auf die Personen und Institutionen blicken, mit denen Sie in der Kita zusammenarbeiten:

- Welche Kooperation gelingt im Sinne der Kindorientierung gut, welche gelingt nicht?
- Warum ist das so? Und was tragen Sie dazu bei?

2.

Prinzipien der Kindorientierung – Dünger für starke Wurzeln

In diesem Kapitel erfahren Sie

- welche Rahmenbedingungen Kinder dabei unterstützen, Selbstwirksamkeit zu erleben
- wie Sie eine autonomieförderliche Haltung einnehmen können
- was echte Mitbestimmung bedeutet
- wie Sie Kinder feinfühlig wahrnehmen und auf sie reagieren können
- warum es die Perspektiven der Kinder und das Interesse für ihre Lebenswelt braucht, um Kindorientierung in der Kita umzusetzen

Überblick: die 7 Prinzipien der Kindorientierung

Sich als Grundsatz des pädagogischen Handelns am Kind zu orientieren, ist ein gelungener Start für die Auseinandersetzung mit der Kindorientierung. Aber was bedeutet das genau? Zunächst heißt es, eine Haltung einzunehmen, in der Fachkräfte immer wieder fragen: Was ist los bei jedem einzelnen Kind? Was spielt es gerade? Was beschäftigt es? Was will es zurzeit lernen?

Sich in der pädagogischen Praxis am Kind zu orientieren, betrifft dabei mehrere Ebenen. Um Kinder ganzheitlich bei Ihrem (Auf-)Wachsen zu unterstützen, sind besonders sieben Prinzipien wirksam.

Bevor die Prinzipien der Kindorientierung in den folgenden Kapiteln näher erläutert werden, folgt hier eine erste Übersicht:

- **Autonomie/Agency:** Respektieren Sie Kinder in ihrer Selbstbestimmung und begegnen Sie ihnen auf Augenhöhe. Nehmen Sie auch die Jüngsten als Gegenüber wahr und in ihren Äußerungen ernst, wenn sie zum Beispiel müde sind und nach Entspannung suchen.
- **Partizipation:** Kinder, die partizipieren, beteiligen sich aktiv an der Gestaltung ihres Alltags, wo immer es geht. Denken Sie darum über Ihre eigene Macht nach und wie Sie sie ausüben, zum Beispiel wenn Sie einen Ausflug planen.
- **Sensitive Responsivität:** Welche Signale äußern Kinder verbal, über Körpersprache oder über ihre Handlungen? Nehmen Sie die kindlichen Äußerungen sensibel wahr und passen Sie Ihre Reaktion feinfühlig darauf an – ob in Alltagssituationen, im Spiel oder bei Konflikten.
- **Wahrnehmende Beobachtung:** Beobachten Sie genau, wie sich Kinder verhalten und welche Bedürfnisse sie damit äußern. Indem Sie sich einfühlen, können Sie sie bei ihrem nächsten Entwicklungsschritt unterstützen, zum Beispiel wenn sie allein keinen Kontakt zu anderen Kindern finden.
- **Kinderperspektiven:** Pädagogische Fachkräfte sollten immer wieder Kinderperspektiven in ihren Alltag einfließen lassen, indem sie regelmäßig in den Dialog gehen und den Kinder zuhören. Fragen Sie gezielt nach, um zu erfahren, was für die Kinder wichtig ist, zum Beispiel: „Was magst du beim Mittagessen? Was gefällt dir nicht so gut?“
- **Inklusion:** Um jedes Kind zu sehen und die pädagogische Arbeit im Sinne aller zu gestalten, kommt Fachkräften die Aufgabe zu, jedes einzelne in seiner Unterschiedlichkeit wahrzunehmen und vielfältige Kontaktangebote zu machen. Achten Sie etwa darauf, dass sich alle Kinder in den Materialien in der Einrichtung wiedererkennen.
- **Lebenswelten:** Die Bedürfnisse und Gefühlslage der Kinder wahrzunehmen, gelingt, indem neben den konkreten Beobachtungen im Kita-Alltag auch die Lebenswelt der Kinder ergründet wird. Erkunden Sie regelmäßig, wie Kinder und ihre Familien leben und was sie beschäftigt, zum Beispiel wenn ein Familienmitglied krank ist, ein Umzug ansteht oder die Eltern sich oft streiten.

Reflexion

Nachdenken über die eigene Grundhaltung

- Was fällt Ihnen zu den einzelnen Prinzipien ein?
- Mit welchen der Themen haben Sie sich bereits intensiver auseinandergesetzt?
- Welche sind eher neu für Sie?

2.1 Autonomie und Agency

„Ich will das nicht!" Wenn Kinder sich im Alltag ablehnend äußern, macht das Situationen wie das Anziehen, den Mittagsschlaf oder die gemeinsame Mahlzeit für Erwachsene meist anstrengend. Trotzdem ist es gerade in einer kindorientierten Pädagogik wichtig, ihr Nein ernst zu nehmen. Wie gelingt das und wie können pädagogische Fachkräfte in der Kindertageseinrichtung damit umgehen?

„Ich darf über mich bestimmen, meine Wünsche werden geachtet" (Nentwig-Gesemann, Walther, Bakels & Munk 2021, S. 127). In dem Zitat beschreibt ein Kind nicht nur, was ihm in einer guten Kita wichtig ist. Es zeigt auch, was Autonomie bedeutet. Denn über sich selbst zu bestimmen und mit seinen Wünschen anerkannt zu werden, gibt eine hilfreiche erste Definition des Fachbegriffs.

Menschen kommen mit einem ausgeprägten Autonomiebedürfnis zur Welt (vgl. Ryan, Deci, Grolnick & La Guardia 2015). Sie wollen, dass ihre körperlichen, seelischen und geistigen Bedürfnisse wahrgenommen und gestillt werden. Kinder möchten über sich selbst bestimmen, wollen verstehen, wie sie in der Welt funktionieren und wie sie sie beeinflussen können. So nutzen manche zum Beispiel ihr Wissen über die Kinderrechte dazu, um dafür zu kämpfen, in der Kindertageseinrichtung mitzureden und mitzuentscheiden. Andere probieren beispielsweise immer wieder auf unterschiedlichen Wegen aus, wie sie die pädagogischen Fachkräfte überzeugen können, allein in den Außenbereich gehen zu dürfen: Sie betteln, diskutieren, weinen, holen die Leitung als Verbündete oder Ähnliches. Wird dieses Bedürfnis nach Anerkennung und Selbstbestimmung gestillt, dann fühlen sich Kinder wohl, angenommen und lebendig. Diese Erfahrung haben fast alle pädagogischen Fachkräfte schon einmal in ihrer Praxis gemacht: Das zufriedene, glückliche Gefühl, das Kinder dann manchmal zeigen, überträgt sich auch auf einen selbst.

Agency (lat. agens = handelnd) heißt, Kinder als eigenständige Persönlichkeiten und Handelnde in ihrer Welt zu begreifen (vgl. Hungerland & Kelle 2014). Ein Kind würde den Begriff vielleicht beschreiben mit: „Ich kann das alleine!" Es geht also darum, wahrzunehmen, zu was Kinder alles fähig sind – ohne die Hilfe Erwachsener. Gleichzeitig folgt daraus anzuerkennen, dass sie Entscheidungen treffen können und von sich aus einen Beitrag zur Gestaltung ihres Lebens und ihrer Beziehungen leisten. Kinder nehmen nämlich nicht nur auf, was um sie herum oder mit ihnen passiert und wie Menschen mit ihnen in Kontakt treten. Sie sind auch aktiv dabei, suchen und gestalten ihre Interaktionen, Beziehungen und Welterkundungen von Anfang an selbst. Das kann man in vielen Situationen sehen: Babys beobachten Erwachsene und lachen zum Beispiel auch, um ihr Umfeld zum Lachen zu bringen. Kleinkinder weisen Erwachsene vielleicht darauf hin, dass sie ihre Schuhe schon allein binden können – und sorgen selbstständig dafür, Hilfe zu bekommen, wenn sie sie brauchen.

E: Könnt ihr dann hier rausgehen?

K3: Ja, aber wir können nicht rausgehen, wann wir wollen.

E: Ach so, wieso nicht?

K3: Weil wir dürfen nicht alleine raus, weil dann denken die Erzieher immer, wir machen bestimmt …

E: Wieso denken sie das? Wenn du dich so reinfühlst, wenn du Erzieher wärst, würdest du so denken?

K3: Nö.

E: Was würdest du denn machen?

K3: Da könnte ich immer manchmal durch den Fenster gucken.

E: Ja, und dann?

K2: Einfach aus dem Fenster gucken, ob die etwas kaputt machen.

E: Und was würdest du machen, wenn sie etwas kaputt machen?

K3: Einfach aus dem Fenster schreien oder ich geh ganz kurz raus und dann schick den rein.

Für Pädagog*innen folgt daraus die Aufgabe, die Kinder darin zu unterstützen, die eigenen Bedürfnisse zu erkennen und zu benennen. Sie geben ihnen Raum, sich für die Erfüllung der Bedürfnisse einzusetzen. Dazu müssen sie sich auch selbst auf die mitunter eigensinnigen Ideen der Kinder einlassen und sie als ebenbürtiges Gegenüber akzeptieren. Kindertageseinrichtungen tragen die Verantwortung, Rahmenbedingungen zu schaffen, in denen sich die Kinder möglichst selbstbestimmt bewegen können. Diese sollten grundsätzlich von den Bedürfnissen der Kinder ausgehen und nicht von äußeren (erwachsenen) Zwängen. Besonders relevant ist das in ganz elementaren, alltäglichen Situationen wie Essen, Schlafen, Wickeln/ Toilettengang, Hygiene.

Nach einer intensiven Spielphase in der Bauecke läuft der fast 2-jährige Mehmet durch den Raum. Er geht zu den Kindern, die in der Leseecke sitzen, gähnt, geht dann weiter. Am Spieleregal angekommen, zieht er ein Spiel heraus, lässt es aber schnell wieder liegen. Fachkraft Susi beobachtet ihn aus der Ferne und sieht, wie der Junge Richtung Schnullerbrett geht. Er gähnt wieder. Nun blickt er sich um und nimmt Augenkontakt mit Susi auf. Sie wartet einen Moment ab, der Augenkontakt bleibt. Dann fragt sie: „Mehmet, soll ich dir helfen, deinen Schnuller zu holen?“ Mehmet hebt seinen Arm in Richtung des Schnullerbretts. Als Susi zu ihm geht und ihm das Schnullerbrett hinhält, greift er zielstrebig nach einem gelb-grünen Schnuller und steckt ihn in den Mund. Sie hängt das Brett wieder auf. Der Junge sieht sich im Raum um. Susi sagt: „Könnte es sein, dass du müde bist? Willst du dich ein bisschen ausruhen?“ Mehmet nickt. „Willst du dich zu mir auf das Sofa kuscheln?“ Gemeinsam gehen sie zum Sofa.

In diesem Beispiel wird deutlich, dass Selbstbestimmung und Agency häufig in kleinen Übergangssituationen im Alltag sichtbar werden und genau dort für die Kinder von hoher Bedeutung sind. Mehmet hat den Raum bekommen, seine eigenen Bedürfnisse zu verfolgen. Erst läuft er etwas ziellos umher, probiert verschiedene Möglichkeiten aus, bis ihm dann klar wird, was er eigentlich möchte. Dann verfolgt Mehmet sein Ziel konsequent und erreicht es. Susi begleitet ihn dabei respektvoll. Indem sie aufmerksam beobachtet, was passiert, gelingt es ihr, seine Absichten korrekt zu deuten und bei der Erfüllung des Bedürfnisses Hilfe zu leisten. Sie verbalisiert, was sie wahrnimmt, und wartet auf die Zustimmung des Kindes. Auch die Rahmenbedingungen in dieser Kita tragen zu der angemessenen Berücksichtigung der kindlichen Autonomie bei: Mehmet kann sich ausruhen, wenn er müde ist, und muss nicht auf die allgemeine Schlafenszeit warten. Auch hat er Zugang zu seinem Schnuller, der ihm bei der Befriedigung seines Bedürfnisses wichtig ist. Die Aktivitäten in dieser Einrichtung werden von den Kindern bestimmt und nicht von den Erwachsenen vorgegeben.

Reflexion

Autonomie eines Kindes im Blick

Vergegenwärtigen Sie sich den letzten Tag in der Kita:

- Wo haben Sie erlebt, dass ein Kind eine Situation selbst maßgeblich gestaltet hat?
- Welche Rahmenbedingungen haben ihm das ermöglicht?
- Wie wirkte das Kind auf Sie während seines Tuns?

Bereits Kleinkinder können über sich selbst bestimmen und wollen es auch. Unterstützen Sie sie darin, indem Sie auf ihre Bedürfnisse reagieren und einen Rahmen schaffen, in dem sie sich als selbstwirksam erleben können!

2.2 Partizipation

„Wir entscheiden in der Kita über alles!", sagte ein Mädchen neulich stolz während einer externen Evaluation. Was denken Sie, wenn Sie das hören? Das Kind verfügt auf jeden Fall über Selbstbewusstsein und ist sich seiner Autonomie bewusst. Vielleicht meldet sich bei Ihnen im Hinterkopf allerdings auch ein leises Aber: „Aber Wichtiges müssen doch wir Erwachsenen entscheiden", „Aber das kann doch nicht gut gehen …". Sehen wir uns darum genauer an, wie Entscheidungen kindorientiert getroffen werden können – und wie Erwachsene dafür möglichst gute Bedingungen schaffen.

„Partizipation heißt, Entscheidungen, die das eigene Leben und das Leben der Gemeinschaft betreffen, zu teilen und gemeinsam Lösungen für Probleme zu finden" (Hansen, Knauer, Sturzenhecker & Negt 2011, S. 19). Sie ist, als weitere Zutat im Dünger der kindorientierten Pädagogik, in engem Zusammenhang mit der Autonomie zu verstehen: „Mitbestimmung ohne erlebte Selbstbestimmung ist von Kindern kaum zu erwarten" (BMFSFJ 2020, S. 170). Partizipation zu ermöglichen, diese Verantwortung obliegt der Seite der Mächtigeren – in den Kindertageseinrichtungen also in der Regel den Erwachsenen. Sie müssen Bedingungen schaffen, dass Kinder mitbestimmen und sich beteiligen können. Erinnern Sie sich an Kapitel 1.3, in der die Macht der pädagogischen Fachkräfte bereits Thema war? Es geht darum, die eigene Macht zu reflektieren: Wie nutze ich meine Macht im Umgang mit den Kindern? Wie kann ich die Bedürfnisse der Kinder ernst nehmen und sie mit den Rahmenbedingungen oder meinen Zielen in einen Aushandlungsprozess bringen?

In diesen **Aushandlungsprozessen** benennen alle Beteiligten – Kinder und Erwachsene – ihre jeweiligen Bedürfnisse, Interessen und Wünsche. Diese werden miteinander abgewogen und zusammengebracht. Wenn zum Beispiel zwei Kinder zur pädagogischen Fachkraft kommen und sagen, dass sie den Raum auf der Hochebene allein nutzen wollen, dann kann die Fachkraft einfach Nein sagen. Oder sie kann ihre Bedenken einbringen, dass andere Kinder dort auch gern spielen und sie diesen die Nutzung nicht verbieten möchte. Wenn sie anschließend fragt, welche Ideen die Kinder haben („Was denkt ihr, was machen wir jetzt damit?"), beginnt der Aushandlungsprozess und sie können zusammen überlegen, wie die verschiedenen Interessen zusammengebracht werden können. Auf diese Weise werden die Kinder in ihren eigenen Bedürfnissen anerkannt (siehe Kapitel 2.1) und neue Lösungen können entstehen. Vielleicht entwickeln die Kinder gemeinsam einen Plan, bei der alle die Hochebene für eine gewisse Zeit reservieren können. Oder sie kommen auf die Idee, mit der Fachkraft eine Art Türglocke zu basteln, die man betätigen soll, wenn man auf die Hochebene kommen möchte. Denn vielleicht ging es den beiden Kindern vor allem darum, dass sie im Spiel nicht von anderen überrascht werden. Kompromisse fallen Menschen leichter, wenn sie selbst mit ihren eigenen Bedürfnissen gesehen und anerkannt werden. So nehmen sie eher die Bedürfnisse anderer Menschen wahr und sind bereit, diese anzuerkennen.

Neben einer grundsätzlichen Abwägung der Interessen geht es bei Partizipation in Kindertageseinrichtungen auch um ganz konkrete Entscheidungen darüber, wie und von wem der Alltag gestaltet werden soll. Mag und kann jedes Kind zum Beispiel selbst entscheiden, ob und wann es rausgeht, oder entwickeln alle Beteiligten gemeinsam die Rahmenbedingungen dafür? Immer wenn Entscheidungen mehrere Personen betreffen, müssen sie ausgehandelt werden, zum Beispiel bei der Wahl eines Ausflugsziels.

Neben den alltäglichen Aushandlungsprozessen sind auch formale Formen der Beteiligung für Kinder ein spannendes Lernfeld. Zu den formalen Beteiligungsformen gehören etwa Kinderkonferenzen oder Wahlen, in denen die Strukturen für den Entscheidungsprozess festgelegt sind. So erfahren Kinder ganz praktisch, wie demokratische Strukturen wirken.

E: Was heißt „Kinderparlament"? Ich kenne das zwar aus Büchern, aber ich glaube, ich habe es noch nie wirklich gesehen.

K1: Dass man so entscheiden kann, dass man neue Sachen kaufen kann, Schippen oder so.

E: Und wie funktioniert das? Gehen da alle Kinder hin?

K1: Nein, da gehen immer nur 5 Kinder hin. Da dürfen immer nur 4 Kinder hin. Nein, da dürfen immer nur 10 Kinder hin.

E: Warum dürfen da nicht alle Kinder hin?

K1: Wegen sonst geht das ganz durcheinander.

E: Und du bist da auch schon einmal mitgegangen.

K1 (nickt): Mhm. Zwei Mal.

E: Schon zwei Mal. Und worüber habt ihr da gesprochen?

K1: Über Lego, dass man Legoteile hat. Wegen es gibt ja immer nur drei Platten.

E: Ah, also ihr seid dann zum Kinderparlament und habt gesagt, ihr mögt mehr Legoplatten. Und dann?

K1: Dann kaufen wir sie dann irgendwann.

E: Und wie wurde das entschieden? Ihr habt einfach gesagt, ihr mögt mehr Legoplatten, und dann haben alle Ja gesagt. Oder wie ging das?

K1: Okay, dann haben alle gesagt: „Ja."

E: Also eine gute Idee?

K1 (nickt): Mhm.

Pädagogische Fachkräfte und Kindertageseinrichtungen, die diese Formen der Beteiligung einführen, tragen eine große Verantwortung. Denn sie müssen dafür sorgen, dass die Kinder neben formalen Beteiligungsformen auch in allen Alltagssituationen Selbstwirksamkeit erleben und aktiv mitbestimmen können.

Jella (4 Jahre), Tobi (5 Jahre) und Efe (5 Jahre) beschäftigen sich über mehrere Tage mit einem Tierlexikon. Auch im Rollenspiel kommen immer wieder Löwen, Tiger und Schlangen vor. Irgendwann kommen sie auf die Idee, dass sie den Zoo besuchen könnten. Mit diesem Vorschlag gehen sie am nächsten Tag in den Kinderkreis. Die anderen sind begeistert und möchten unbedingt wilde Tiere in echt sehen. Die pädagogischen Fachkräfte Ammu und Knut sind zunächst etwas unsicher: Der Zoo befindet sich in der nächstgrößeren Stadt, sodass der Weg mit öffentlichen Verkehrsmitteln weit ist. Vorsichtig äußern sie ihre Bedenken, doch Tobi sagt direkt: „Ich war da schon mit meiner Mama, wir schaffen das!" Das überzeugt die zwei Fachkräfte und sie stimmen der Idee zu. Allerdings sagen sie, dass sie nur wenig Zeit für die Vorbereitung haben und deshalb die Kinder die Planung übernehmen müssen. Efe, Tobi und Jella sind mit Feuereifer dabei. Sie sehen im Internet nach, wo der Zoo ist, und suchen zu Hause mit Efes Mutter den Weg dorthin heraus. Als die Frage der Finanzierung aufkommt, entscheiden die drei, das Problem mit der Leitung zu besprechen. Alle weiteren Herausforderungen, die im Laufe der Vorbereitung auftreten, besprechen sie immer mal wieder im Kinderkreis und können sie schließlich eigenständig lösen. So schaffen sie es wirklich, in den Zoo zu reisen. Wieder in der Kita zurück, erzählt ein Kind stolz: „Das haben alles wir gemacht. Ammu und Knut waren wie die Kinder!“

Das Beispiel zeigt, wie Kinder zur Höchstform auflaufen können, wenn Erwachsene ihnen zutrauen, Herausforderungen eigenständig zu bewältigen. Sie schaffen es, allein einen Plan aufzustellen und Lösungswege für die einzelnen notwendigen Schritte zu entwickeln. Sie gehen dabei von selbst kreativ und zielstrebig vor, ohne die anderen Kinder und Erwachsenen und ihre Ideen aus den Augen zu verlieren.

Reflexion

Entscheidungen abgeben

- In welchen Situationen in der Kita fällt es Ihnen leicht, die Entscheidung an die Kinder abzugeben, und warum?
- In welchen Situationen fällt es Ihnen schwer und warum?

Partizipation geht von Erwachsenen aus, die Spiel- und Entscheidungsräume für Kinder öffnen. Gelingt ihnen das sowohl in Alltagsmomenten als auch bei besonderen Ereignissen, erfahren die Kinder Wertschätzung und können sich umfassend ausprobieren. Oft macht genau das allen großen Spaß!

2.3 Sensitive Responsivität

Ein Mädchen steht im Bewegungsraum und beobachtet die anderen tobenden Kinder. Würden Sie darauf reagieren? Und wenn ja, warum? Was würden Sie machen? Wovon hängt Ihr Verhalten ab? „Sensitive Responsivität“ meint das sensible Antwortverhalten von Fachkräften auf das Verhalten der Kinder: „Situationen mit einer überwiegend hohen Sensitiven Responsivität sind gekennzeichnet durch das Interesse, Engagement, Verständnis, das Herstellen des Blickkontakts, die Ruhe und nicht zuletzt durch das intensive Eingehen der ErzieherInnen auf die Kinder“ (Remsperger 2013, S. 18).

Wie können pädagogische Fachkräfte im Alltag die Kinder noch bewusster wahrnehmen und sie dadurch in ihren Lern- und Entwicklungsprozessen unterstützen? Das Konzept der sensitiven Responsivität wurde von Regina Remsperger im Rahmen einer qualitativen

Videostudie entwickelt. Es dient dazu, die Qualität der Fachkraft-Kind-Beziehung bzw. -Interaktion zu beschreiben. Wenn Fachkräfte „sensitiv responsiv" mit den Kindern umgehen, also ein „feinfühliges Antwortverhalten" zeigen, dann bedeutet das, dass sie die Signale von Kindern bemerken, darauf prompt reagieren und das Antwortverhalten angemessen auf die kindlichen Signale abstimmen. Um prompt, das heißt schnell und korrekt zu reagieren, nennt Remsperger Kriterien, die angemessenes Verhalten kennzeichnen. Diese Kriterien umfassen (vgl. Remsperger 2013, S. 125):

- Zugänglichkeit und Aufmerksamkeit der Fachkräfte,
- Haltung, die von Akzeptanz, Wertschätzung, Interesse und Respekt vor der kindlichen Autonomie geprägt ist,
- Involvement (innere starke Beteiligung der Fachkraft),
- wertschätzendes emotionales Klima und
- Stimulation der Kinder (eigene Problemlösungen zu entwickeln).

Beobachtbar sind die genannten Merkmale auf den vier Ausdruckskanälen Sprache, Stimme, Gesicht und Körper (vgl. Hörmann 2014, S. 9).

Das Konzept der sensitiven Responsivität stellt dabei wie viele andere heraus, dass die Beziehung von Fachkraft und Kind elementar für die Qualität pädagogischen Handelns ist. Die Qualität der Beziehungen zwischen Erzieher*innen und Kindern gilt als Schlüssel für eine erfolgreiche sozial-emotionale Entwicklung des Kindes (vgl. Grossmann 2000), als Voraussetzung für die Entwicklung von Resilienz (vgl. Fthenakis & Wustmann Seiler 2004), als Grundlage für kognitive, sprachliche und sozio-emotionale Lernfortschritte (vgl. Wildgruber, Wertfein, Wirts, Kammermeier & Danay 2016) sowie als Bedingung dafür, dass Kinder Gefühle zeigen und ihre Äußerungen und Handlungen ausweiten (vgl. Remsperger 2011, S. 2).

Für die **konkrete Gestaltung des pädagogischen Alltags** heißt das, den Tagesablauf gemeinsam mit den Kindern möglichst flexibel zu gestalten. Wann, wo, wie lange, mit wem und mit was beispielsweise gespielt wird, sollte darum möglichst situativ angepasst werden können. Dies bedeutet aber auch, dass pädagogische Fachkräfte an die individuellen Entwicklungsthemen der Kinder anknüpfen, anstatt Bildungsthemen vorzugeben. Die Haltung spielt hier eine wichtige Rolle. Wenn pädagogische Fachkräfte sich als (Lern-)Begleitende begreifen, können sie die Kinder bei deren eigenen individuellen Problemlösungsprozessen unterstützen. Sie können ihnen helfen, ohne ihnen Lösungswege abzunehmen oder vorzugeben (vgl. Remsperger 2011).

Zugleich erfahren die Kinder durch das feinfühlige Antwortverhalten der pädagogischen Fachkräfte, dass sie sich sicher und angenommen fühlen können. Sie werden in ihren Bedürfnissen wahrgenommen und gegebenenfalls unterstützt.

> Bo (1,8 Jahre) hantiert draußen im Baubereich mit den großen neuen Latten. Gerade so kann er die Latten selbst hochheben und übereinanderstapeln. Er probiert verschiedene Möglichkeiten aus, das Holz zu greifen und hochzustemmen. Dabei sucht er immer wieder den Blickkontakt zur pädagogischen Fachkraft und stöhnt freudig. Die Fachkraft erwidert seinen Blick und lächelt Bo zu, interveniert aber nicht.

In diesem Beispiel wird deutlich, dass Bo gerade erste Erfahrungen mit physikalischen Gesetzen macht. Er probiert genau aus, wie er die Latten greifen muss, damit sie nicht zur Seite kippen. Dabei nutzt er unterschiedliche Strategien. Die pädagogische Fachkraft steht ihm als sichere Basis zur Verfügung, nimmt ihm das Ausprobieren aber nicht ab. Auch gibt sie ihm fortlaufend Rückmeldung, indem sie seine suchenden und freudigen Blicke achtsam erwidert. Bo erfährt in diesem Zusammenhang, dass ihm etwas zugetraut wird. Er erlebt, dass er schwierige Dinge ganz allein aus sich heraus bewältigen kann. Diese Erfahrung hilft ihm später, sich als kompetent wahrzunehmen und sich selbstbewusst neuen (Lern-)Herausforderungen zu stellen.

Reflexion

Signale wahrnehmen

- Sind Sie zugänglich und interessiert an dem, was die Kinder erzählen, zeigen, tun?
- Haben Sie Zeit und Ruhe, den Kindern aufmerksam zuzuhören? Lassen Sie sie ausreden?
- Nehmen Sie die verbalen und nonverbalen Signale der Kinder wahr?
- Wie reagieren Sie darauf?

Ein sensitives responsives Verhalten von Fachkräften trägt entscheidend dazu bei, dass Kinder sich emotional und kognitiv bestmöglich entwickeln können. Bildungs-, Lern- und Entwicklungsprozesse werden maßgeblich von einer hohen Bindungsqualität beeinflusst.

2.4 Wahrnehmende Beobachtung

Wahrnehmendes Beobachten hilft Pädagog*innen, die vielfältigen Ausdrucksformen von Kindern aufzunehmen und in ihre Reaktion und Dialoge zu integrieren. Das Konzept vertieft und erweitert das klassische Beobachten in Kitas (vgl. Schäfer & Alemzadeh 2012). Es hinterfragt die Haltung, nach der eine scheinbar objektive, das heißt neutrale Beobachtung einer Situation möglich sei, und erweitert die pädagogische Arbeit um die wichtige Reflexion der eigenen Sichtweisen durch die betrachtende Person. Beobachtung ist damit kein rein mechanischer Akt.

Wenn ein Mensch beobachtet, nimmt er immer auch auf vielfältigen Kanälen wahr, was in einer Situation passiert. Die wahrnehmende Beobachtung arbeitet genau mit diesen verschiedenen Wegen der Wahrnehmung und beschreibt die Rolle der beobachtenden Fachkraft als „Zuhörende“: Dafür muss sie aber auch „alle Mittel, die ihm*ihr zur Verfügung stehen, einsetzen, d. h. nicht nur zusehen oder zuhören, sondern den Weisen der körperlichen Kommunikation wie Mimik, Gestik, Körperhaltungen; Bewegungen im Raum; den

Stimmlagen einer Musik der Sprache; der sensorischen und emotionalen Resonanz des mimetischen Mitvollzugs von Handlungen; sowie der perspektivischen Einfühlung, Empathie, Aufmerksamkeit schenken" (Schäfer 2018, S. 8).

Fachkräfte nehmen also auf der einen Ebene wahr, was in einer Situation geschieht. Auf der anderen Ebene reflektieren sie bewusst, wie das auf sie wirkt, was sie an Gefühlen, Körperbefinden und Eindrücken gewinnen, die über das sichtbare Geschehen hinausgehen. Damit gehen sie wiederum in Dialog mit den Kindern und zeigen ihre Interpretation der Situation entweder verbal oder auch durch ihr Handeln in Form von Aktivitäten oder Impulsen. In der Reaktion der Kinder bestätigt sich schließlich ihre Annahme oder die Fachkraft sucht weiter.

Die Pädagogin Jasmine hat Dienst im Garten. Sie beobachtet Anna (3,6 Jahre), die erst seit ein paar Wochen in den Kindergarten geht und allein am Wegrand steht. Sie wirkt verloren. Jasmine geht zum Mädchen und fragt, ob sie ein bisschen spazieren gehen wollen. Anna nickt und sagt leise: „Ja". Gemeinsam gehen sie zu einer Tür, wo der gleichaltrige Kim gerade mit einem Buddeleimer Wasser von drinnen holt. Jasmine hält die Tür auf. Als Kim mit dem Eimer herauskommt, stellt sie die Kinder einander vor. Kim nickt kurz und geht dann weg. Da Anna ihm folgt, zieht sich die Erzieherin etwas zurück. Sie bleibt stehen und beobachtet die beiden Kinder, während sie nebeneinanderstehen. Schweigend hängt Kim den Eimer an den Lenker eines Dreirads. Nun schiebt er das Fahrzeug, während Anna nebenherläuft. Dann beginnen die Kinder zögerlich zu reden. Nachdem sich Anna auch einen Eimer geholt hat, unterhalten sie sich angeregt und spielen. Jasmine spürt, wie die leichte Anspannung von ihr weicht, und wendet sich anderen Kindern zu. Nach einiger Zeit macht sie sich noch einmal auf die Suche nach den beiden. Da sie immer noch ins Spiel vertieft sind, geht sie zufrieden weiter.

Die Pädagogin in diesem Beispiel ist aufmerksam für die Bedürfnisse des Kindes. Sie überprüft ihre Wahrnehmung, indem sie sich als Kontaktpartnerin anbietet, was das Kind aus seinem Alleinsein holt. Durch den zufälligen Kontakt mit dem Jungen bietet sich der Fachkraft eine Chance, die beiden Kinder miteinander in Beziehung zu bringen. Ihr gelingt es, sie geschickt zu initiieren, ohne die beiden zu bevormunden. So entwickeln die Kinder selbstständig, welches Spiel sie spielen und wie sie miteinander kommunizieren. Die Erzieherin nimmt weiterhin genau wahr, was sich abspielt, und reagiert auf ihre eigenen Empfindungen, die sie durch die Einfühlung in das Kind erlebt.

Reflexion

Eigene Gefühle beobachten

- Fällt Ihnen Beobachten leicht oder schwer?
- Wie gehen Sie mit den Empfindungen um, die in Ihnen dabei hochkommen?

Erinnern Sie sich an eine Situation, die diese Woche in der Kita stattfand. Beschreiben Sie möglichst neutral, was Sie gesehen haben. Überlegen Sie im nächsten Schritt, was das in Ihnen ausgelöst hat:

- Wie haben Sie sich gefühlt? Welche körperlichen Eindrücke hatten Sie?

2.5 Kinderperspektiven

„Wann redet ihr mit uns?" (Macha & Bielesza 2018, S. 31) – als die Kinder uns das in einer externen Evaluation fragten, fiel es uns wie Schuppen von den Augen: Warum fragen wir nicht die Kinder, wenn es darum geht, was in der Einrichtung gut oder nicht so gut läuft? Die Kinderperspektiven einzuholen, um gemeinsam praktikable Wege für einen Entscheidungs- oder Umsetzungsprozess zu finden, ist auch intern immer sinnvoll. Schließlich sind die Kinder meist direkt von Änderungen im pädagogischen Alltag betroffen.

Erst seit kurzer Zeit rückt die Sichtweise der Kinder auf ihre Kindertageseinrichtung stärker in den Fokus in der Diskussion um Qualitätsentwicklung (vgl. Macha & Bielesza 2018; Macha, Urban, Lonnemann, Wronski & Hildebrandt, in Vorb.; Nentwig-Gesemann et al. 2021; Nentwig-Gesemann, Walther & Thedinga 2017). In diesen Projekten zeigt sich eindrücklich dokumentiert, dass Kinder sehr differenziert beschreiben können, was sie in der Kindertageseinrichtung wichtig finden, was sie gern machen, wo sie leicht lernen und auch was ihnen nicht gefällt. Daraus ergeben sich fruchtbare Hinweise, wie die Bedürfnisse und Ideen der Kinder mehr Raum in der Kita bekommen und wie sie die Qualitätsentwicklung beeinflussen können. Pädagogische Fachkräfte, die zum Beispiel den Rollenspielraum neu gestalten wollen, können gemeinsam mit Kindern überlegen, welche Bedingungen der Raum erfüllen muss, damit sie ihn gern nutzen. Welche Materialien, welche Aufteilung und welche Gestaltung regen die Kinder zum Spielen an? So tragen alle gemeinsam zu einer Verbesserung der Einrichtung bei.

Wege, um die Perspektiven der Kinder zu erfragen, gibt es viele, und der Kreativität sind dabei keine Grenzen gesetzt: Interviews führen (egal ob Fachkraft zu Kind oder Kind zu Kind), eine Abstimmung mit Piktogrammen und Klebepunkten oder über „Lauf-Plakate" (siehe Fallbeispiel S. 36). Es ist also ganz einfach, die Sicht der Kinder zu erkunden: Fragen Sie sie einfach! Allerdings, das werden die meisten Fachkräfte bereits in ihrem Alltag festgestellt haben, gibt es Orte und Fragestellungen, die Kinder eher anregen, sich auf ein Gespräch einzulassen. Zum Beispiel hilft es, wenn sie merken, dass die Erwachsenen gern mit ihnen sprechen möchten und sich Zeit dafür nehmen. Zeit ist ein wichtiger Faktor, denn manchmal brauchen Kinder länger für eine Antwort, als wir denken. Das heißt, Fragestellende müssen abwarten und den Kindern Zeit lassen, ihre Gedanken zu formulieren. Es hilft auch, wenn pädagogische Fachkräfte in ihren Formulierungen zeigen, dass sie wirklich an den Gedanken der Kinder interessiert sind. Fragen Sie zum Beispiel: „Wie findest du eigentlich …?“ oder „Ich weiß gerade nicht, wie wir es machen können. Welche Ideen habt ihr?“ So laden Sie die Kinder ein, ihre Erfahrung und Einschätzung zu nennen (vgl. Hildebrandt & Dreier 2014; Macha & Hildebrandt 2020).

Kinder reden gern, während sie etwas tun. Sie können sie also einladen, etwas zu malen oder zu basteln, und nebenbei ein Gespräch beginnen. Auch die Mahlzeiten bieten sich an, um zu fragen und gemeinsam nachzudenken. Kinderführungen durch alle Räume der Einrichtung oder Karten, auf denen Kinder benennen, was ihnen gefällt oder nicht, sind ebenfalls ertragreiche Methoden, um die Sicht aller auf ihre Kita zu erfahren (vgl. Macha et al., in Vorb.; Nentwig-Gesemann & Maywald 2020).

In der mittäglichen Kinderrunde sitzen alle Kinder zusammen. Erzieher Heiko erklärt den Kindern, dass sie im Team nicht mehr so zufrieden mit der Essenssituation sind und überlegen, wie das Mittagessen anders gestaltet werden könnte. Die Kinder hören aufmerksam zu. Sofort fangen einige an zu sprechen: „Es ist immer so laut!“, „Ich mag neben Marla sitzen“, „Das Essen schmeckt mir nicht“, „Ich finde Sina [die Köchin] so lustig!“ und anderes mehr. Kindheitspädagogin Nurcan notiert eifrig, was die Kinder sagen. Im Anschluss bittet Heiko die Kinder gezielt um ihre Sicht auf die Mittagssituation: Was mögen sie daran und was nicht? Dazu stellen sich die beiden Erwachsenen in zwei verschiedene Ecken des Raumes. Vor Nurcan liegt ein Plakat, auf dem steht: „Was ich am Mittagessen gut finde“, vor Heiko liegt ein Plakat mit traurigem Smiley: „Was ich am Mittagessen nicht mag“. Die Kinder laufen nun hin und her und diktieren den zwei Fachkräften die Punkte, die sie wichtig finden. Sie haben großen Spaß daran und es fällt ihnen viel ein.

Im weiteren Verlauf der Umgestaltung der Mahlzeiten tragen Nurcan und Heiko ihre Ideen aus dem Team immer wieder zu den Kindern und besprechen mit den anderen Fachkräften, was die Kinder gesagt haben.

In diesem Beispiel holen die zwei pädagogischen Fachkräfte die Sicht der Kinder zu einem Thema ein, mit dem sie sich auch im Team beschäftigen. Sie nehmen sich die Zeit zu erkunden, wie die Gruppe die Mittagssituation erlebt und was sie daran mögen oder nicht mögen. So erleben die Kinder, dass den Fachkräften ihre Sichtweise wichtig ist. Indem das Team mit den Kindern gemeinsam entwickelt, wie die Essenssituation verändert werden kann, und die Vorschläge nach und nach in der Praxis umgesetzt werden, machen die Kinder die Erfahrung, ernst genommen zu werden.

Reflexion

Bestandsaufnahme im Team

- Wenn Sie oft mit den Kindern reden, was ihnen gefällt und was nicht, notieren Sie gemeinsam die Punkte und überlegen Sie, wie Sie im Team damit weiterarbeiten wollen.
- Haben Sie noch nicht so viel Erfahrung mit der Erhebung der Kinderperspektiven, dann stellen Sie sich zum Einstieg ein Kind aus Ihrer Kita vor und versetzen Sie sich in das Kind hinein. Wo hält es sich gern auf? Was fällt ihm schwer, was leicht?

Die Sichtweisen der Kinder sind ein unerlässlicher Bestandteil für die Weiterentwicklung einer Kindertageseinrichtung und eine wesentliche Zutat für kindorientiertes Arbeiten. Denn nur wenn pädagogische Fachkräfte mit den Kindern sprechen, erfahren sie ihre Meinungen und können diese Meinungen bei der pädagogischen Arbeit berücksichtigen. Das heißt nicht, alles umzusetzen, was Kinder äußern oder sich wünschen. Zum Beispiel wird sich ein Indoor-Pool, den sich viele Kinder wünschen, aus Platz- und Kostengründen wahrscheinlich nur schwer realisieren lassen. Aber die Fachkräfte können auf der Basis der Meinungsäußerungen mit den Kindern in den Aushandlungsprozess eintreten und gemeinsam überlegen, welches Bedürfnis darin liegt und wie sie dieses vielleicht befriedigen können. Und durch die anderen Bestandteile des Düngers für Kindorientierung lassen sich unter Umständen auch noch weitere Hintergründe für einen solchen Wunsch herausfinden. So können Sie als pädagogische Fachkraft ein umfassendes Bild entwickeln und möglichst kindgerecht, eben kindorientiert, darauf reagieren.

2.6 Inklusion

Welche Sprachen sprechen Sie in Ihrer Familie? Welche Werte leben Sie in Ihrem Zuhause? Welche Traditionen gibt es? Wie gestalten Sie die Essenssituation in Ihrer Familie? Wenn Sie sich über diese und ähnliche Fragen in Ihrem Team austauschen, treten wahrscheinlich interessante Neuigkeiten zutage. Genau diese Schätze auch bei den Kindern und Familien zu heben, darum geht es in diesem Kapitel.

„Kindorientierung" trägt schon im Begriff, dass jedes einzelne Kind berücksichtigt werden soll. Dabei ist es wichtig zu bedenken, wie unterschiedlich Kinder sind (siehe auch Kapitel 1.1). Bedeutet zum Beispiel der Wechsel der Bezugsfachkraft für das eine Kind eine umwälzende Erfahrung, nimmt ein anderes das Ereignis völlig gleichgültig auf. Auch das, was die Kinder aus ihren Familien mitbringen, und welche Erfahrungen sie aufgrund ihres Aussehens, ihrer Herkunft und ihrer Fähigkeiten machen, hat Einfluss auf sie. Deshalb ist ein wichtiger Grundpfeiler der Kindorientierung die Inklusion. In der inklusiven Pädagogik im Sinne **vorurteilsbewusster Bildung und Erziehung** geht es darum, die Kinder in ihrer Identität zu stärken. Dies gelingt, wenn Fachkräfte Kinder dabei begleiten, ihre Stärken, Ressourcen, körperlichen Merkmale oder Familienkulturen bewusst wahrzunehmen. In großformatigen Selbstporträts können Kinder zum Beispiel gestalten, was sie ausmacht oder was ihnen wichtig ist. In sogenannten Familienwänden können die Familien mithilfe von Fotos zusammenstellen, was und wer für sie von Bedeutung ist. Auch Spielmaterial sollte vielfältig und inklusiv sein. So können Bücher, Figuren oder Puppen die körperlichen Merkmale der Kinder (Hautton, Haarfarbe und -struktur, Körperform usw.) widerspiegeln: „Die Puppe sieht aus wie ich!“ (Koné & Macha 2020). Diese Selbstversicherung macht Kinder deutlich, dass sie mit ihren körperlichen Merkmalen und Eigenheiten in der Kindertageseinrichtung sichtbar sind. Gleichzeitig werden mit Methoden wie diesen auch Unterschiede zwischen Kindern oder Familien deutlich und können zum Thema gemacht werden.

Allerdings reicht der Blick auf das individuelle Kind nicht aus. Eine inklusive Kindorientierung nimmt auch wahr, wie Kinder aufgrund von bestimmten Merkmalen in unserer Gesellschaft benachteiligt werden, und setzt sich – wo möglich – dafür ein, dass sich Situationen, Zugänge oder Bedingungen für sie verändern. Kosten Angebote wie Musik oder Schwimmen zum Beispiel einen Zusatzbeitrag, können Kinder aus armen Familien sie nicht besuchen oder nur, wenn die Familie an anderer Stelle auf etwas verzichtet. Machen sich pädagogische Fachkräfte das bewusst, können sie nach Alternativen suchen, zum Beispiel: Förderung beantragen für den Schwimmkurs, die Kosten aus dem Budget der Einrichtung tragen oder Ähnliches, sodass sich die Situation für das Kind und die Familie anders darstellt.

Zur ersten konkreten Ebene des Handelns gehören zunächst die **Raumgestaltung und Materialien**. Hier sollten Kinder sich wiederfinden mit ihren körperlichen Merkmalen und dem, was sie aus ihrer Familie kennen. Küchenutensilien, die sie von zu Hause kennen, eine Verkleidekiste für verschiedene Berufe, Puppen mit verschiedenen Hauttönen oder Kinderbücher, in denen die Vielfalt von Familienformen oder auch Menschen mit Behinderungen sichtbar werden, sind nur einige Beispiele für die Ausstattung inklusiver Kindertageseinrichtungen.

Karl, Siri, Luna und Mia spielen seit Wochen intensiv im Rollenspielraum. Sie spielen in verschiedenen Konstellationen Familie, Schule und auch manchmal Kinderheim. Immer sind alle fünf Puppen, die es in der Kita gibt, mit dabei. Weil dies der pädagogischen Fachkraft Else aufgefallen ist, besorgt sie weitere Puppen, Puppenkleidung und zwei Puppenwagen, um den Kindern ein noch variantenreicheres Spielen zu ermöglichen. Als sie die Sachen den Kindern zeigt, ist Mia völlig erstaunt: „Die Puppe sieht ja aus wie ich!“, und drückt die Puppe mit einem dunkelbraunen Hautton fest an sich. Die Kinder bauen begeistert das neue Material in ihr Spiel ein.

Else berichtet in der nächsten Teamsitzung nachdenklich von dieser Situation. Es stimmt: Vorher hatten sie keine Puppen mit verschiedenen Hauttönen. Sie haben auch nicht darauf geachtet, dass die Puppen körperliche Merkmale der Kinder in der Gruppe aufweisen. Else und ihre beiden Kolleginnen Sarah und Naima nehmen sich vor, sich damit intensiver zu befassen. „Mir war nicht klar, dass das für die Kinder eine Rolle spielt. Aber jetzt habe ich es kapiert!“, sagt Else bewegt.

Eine zweite Ebene betrifft die **bewusste Interaktion**. Reflektieren Sie einmal für sich: Wie äußern sich Kinder in Ihrer Einrichtung über körperliche Merkmale? Über Hautfarbe, Gewicht, Hilfsmittel, Frisur …? Sagen sie nichts darüber oder äußern sie sich abwertend? Was denken Sie, woran das liegt? Überlegen Sie dann weiter: Wie sprechen Sie mit den Kindern über Unterschiedlichkeiten? Wie gehen Sie mit diskriminierenden Äußerungen von Kindern oder Eltern oder Kolleg*innen um?

Als dritte Ebene ist die **Zusammenarbeit mit den Familien** zu nennen. Hier geht es darum, ihre Werte, Gewohnheiten und Lebenswirklichkeiten kennenzulernen – und sie einzubeziehen in die Auseinandersetzung mit der Einzigartigkeit der Kinder. Warum zum Beispiel haben sich die Eltern für den Namen des Kindes entschieden? Welche Rituale haben Familien, um Geburtstag zu feiern, welche Feste feiern sie überhaupt? Wenn Sie (echtes) Interesse am Leben der Familien zeigen, lernen Sie sie besser kennen und können zum Wohl des Kindes auch besser miteinander arbeiten (vgl. Institut für den Situationsansatz/Fachstelle Kinderwelten 2016).

Für all dies ist es notwendig, dass Fachkräfte sich selbst reflektieren und sich bewusst werden, was sie als Individuen mit ihren Merkmalen ausmacht – und wie dies ihre pädagogische Arbeit prägt.

Reflexion

Nachdenken über Vorurteile

- Haben Sie in letzter Zeit diskriminierende Aussagen unter den Kindern erlebt?
- Wie sind Sie damit umgegangen?

Reflektieren Sie auch im Team, welche Vorurteile bei Ihnen selbst bestehen und wie Sie jeder Familie und jedem Kind in ihrer Einzigartigkeit besser gerecht werden können.

Kinder sind unterschiedlich, sie sehen verschieden aus, mögen und können Verschiedenes und erleben in ihren Familien verschiedene Rituale und Werte. Das macht sie aus. In einer kindorientierten Pädagogik werden diese Aspekte berücksichtigt, wenn die pädagogischen Fachkräfte auf das Kind und seine Familie schauen. Dadurch erleben die Familien Anerkennung und Wertschätzung, und die Kinder erfahren, wie unterschiedlich Menschen sind. Und dass das gut so ist!

2.7 Lebenswelten

Kinder leben (mindestens) in zwei Welten: in ihrem familiären Zuhause und in der Kindertageseinrichtung. In beiden Bereichen herrschen oft sehr verschiedene Regeln, sind unterschiedliche Menschen wichtig und das Spielen verläuft anders. Viele Kinder bemerken diesen Unterschied und wünschen sich, dass die beiden Lebensorte miteinander verknüpft sind. So freut sich ein Kind in dem folgenden Zitat darüber, dass das pädagogische Team seine Familie kennt und ihr in der Einrichtung Raum gibt: „Meine Familie ist in der KiTa willkommen, und ich kann zeigen und davon berichten, was ich mache, wenn ich nicht in der KiTa bin!“ (Nentwig-Gesemann et al. 2021, S. 152).

Wenn Sie kindorientiert arbeiten wollen, nehmen Sie das einzelne Kind immer auch in seinen Lebenswirklichkeiten wahr. Was passiert zu Hause? Welche Werte hat die Familie? Wie lebt das Kind? Das alles sind Fragen, die Sie wahrscheinlich beschäftigen, wenn Sie Kinder in ihrer Einzigartigkeit in den Blick nehmen.

Der **Begriff Lebenswelten** stammt aus der Soziologie und benennt, welche Lebensumstände, Wohnsituationen, Familienbedingungen und Ähnliches ein Mensch hat (vgl. Kobelt Neuhaus et al. 2018; Preissing & Heller 2009; Thiersch 2020). Da die Lebenswelten Auswirkungen auf das Handeln und das Selbstbild jeder Person haben, haben sie auch eine große Bedeutung dafür, wie pädagogische Fachkräfte Kinder in ihrem Aufwachsen und ihren Fragen unterstützen können. Wenn diese nicht wahrnehmen, was ein Kind in seiner Familie erlebt, besteht die Gefahr, dass sie sein Handeln falsch interpretieren und deshalb unpassende Impulse oder Gesprächsangebote machen. Befindet sich das Kita-Team hingegen im Austausch mit den Familien über deren Lebenssituation, darüber, was sie im Alltag bewegt und welche besonderen Ereignisse passieren, erweitert das ihr Bild vom einzelnen Kind und sie können auch zu diesen Themen mit ihm in Kontakt kommen.

Spannend ist dabei die Frage, welche Aspekte und Bedeutung das Kind der Situation zumisst. Indem die pädagogischen Fachkräfte ihre eigenen Einstellungen und die Wirkung der Lebenssituation einer Familie auf sich selbst reflektieren, fällt es ihnen leichter zu unterscheiden, was daran für das Kind wie bedeutsam ist. Zum Beispiel kann der Tod des Großvaters bei einem 5-jährigen Kind ein naturwissenschaftliches Interesse an Tod und Verfall wecken, während das jüngere Geschwisterkind vielleicht eine diffuse Angst verspürt, weil seine Mutter so traurig ist. Auch wenn Trauerbegleitung für die meisten kein leichtes Thema ist, können Fachkräfte und Kinder davon profitieren, wenn sich das Team selbst mit dem Verlust geliebter Menschen auseinandersetzt. Erinnern sich pädagogische Fachkräfte an ihre eigenen Gefühle nach einem Trauerfall, finden sie oft einen guten Draht zu den Kindern und können sie unterstützen.

Die pädagogischen Fachkräfte James, Carla und Toni nehmen seit einigen Tagen wahr, dass sich Dariusz (4 Jahre) ungewöhnlich verhält. Eigentlich spielt er über lange Phasen vertieft mit seinem besten Freund, tobt auf dem Außengelände und interessiert sich für viele Dinge. Nun zieht er sich oft für längere Zeit in die Sofaecke zurück und sitzt einfach da. Auch fängt er immer wieder Streit an. Die drei Fachkräfte nutzen die nächste Teamsitzung, um ihre Beobachtungen dazu auszutauschen. Sie verabreden, dass Toni mit den Eltern Kontakt aufnimmt.

Bevor es dazu jedoch kommt, erzählt Dariusz' Oma beim Bringen am nächsten Morgen, dass der Junge und seine Familie demnächst wegziehen werden, weil der Vater hier keine Arbeit findet und nun in einer anderen Stadt eine Stelle gefunden hat. Während sie das erzählt, beginnt die Oma zu weinen, und Dariusz drückt sich ganz eng an sie.

Die pädagogischen Fachkräfte in diesem Beispiel haben feinfühlig wahrgenommen, dass sich in dem Kind eine Veränderung vollzogen hat. Durch die Erklärung der Großmutter finden sie heraus, worin das Problem besteht. Nun können sie dem Kind bei der Bewältigung der Situation und seiner Trauer zur Seite stehen.

Reflexion

Familien kennenlernen

- Wissen Sie von allen Kindern, für die Sie zuständig sind, wo, wie und mit wem sie leben?
- Wie könnten Sie die Familien besser kennenlernen?
- Wie zeigen Sie den Eltern und Kindern, dass Sie sich für ihre Lebenswelt interessieren und die Familien in Ihrer Einrichtung willkommen sind?

Das Wissen um die Lebenswelten und das Erleben dieser Lebenswirklichkeiten der Kinder ist eine wichtige Quelle für kindorientiertes pädagogisches Arbeiten. Wenn Fachkräfte wissen, wie es den Kindern zu Hause geht, können sie feinfühliger auf sie eingehen.

K3 (zeigt auf eine Foto-Collage im Eingangsbereich): Das ist meine Familie.

E: Das ist deine Familie? Und wie findet ihr das, dass die hier so hängen?

K3: Gut.

E: Und warum?

K3: Weil, na ja, dann kann man sich die anderen Familien sich erinnern.

E: Dann könnt ihr euch daran erinnern?

K4: Meine Familie hier ist aber nicht ... jetzt mein kleiner Bruder drauf.

E: Und warum, denkst du, ist das schön, sich zu erinnern? Warum gefällt dir das?

K4: Weil ich hatte, weil die Urlaube waren richtig schön und jetzt, also ich weiß gar nicht mehr, wie es so war, als es noch kein Corona war und irgendwann kann ...

E: Also sind das Fotos von der Zeit, bevor es Corona gab?

K4 (nickt): Mhm.

K1: Und das bist du.

E: Du bist da oben? In dem gepunkteten Kreis?

K3: Also das hier ist meine Familie.

E: Das da unten ist deine Familie?

K3: Das bin ich, das bin ich, das bin ich, das bin ich, das bin ich, das bin ich. Das ist Sophie, meine Mami. Das ist Tina, das ist meine Mama. Und Rufus ist da noch nicht drauf. Und Rufus hat erst so ein Bild, wenn er in der Kita ist. Er ist noch so null, aber hat hier unten schon drei Zähne. Die Mutter brauchte einen Kaiserschnitt, damit der rauskommt.

E: Oh, was heißt das?

K2: Meine Mutter auch.

K3: Kaiserschnitt heißt, dass der Bauch aufgeschnitten wird.

3. Kindorientierte Alltagsgestaltung – Kinder beim (Auf-)Wachsen in der Kita begleiten

In diesem Kapitel erfahren Sie

- wie es Ihnen gelingt, Routinesituationen im Kita-Alltag mit einer kindorientierten Brille zu betrachten
- auf welche Weise Sie in Ihrer Einrichtung Alltagsmomente, Übergänge und Strukturen kindorientiert gestalten können – vom Ankommen/Verabschieden und der Mahlzeitengestaltung über Projektarbeit und den Umgang mit Konflikten bis hin zur Raumgestaltung
- wie Sie Ihren Alltag reflektieren können

Exkurs: Bedeutung von Alltagsroutinen

Der Alltag in einer Kita ist neben den klassischen pädagogischen Situationen wie Spielen, Projektarbeit oder angeleiteten Aktivitäten geprägt von Routinen und Abläufen, die erst neuerdings als wichtige Bildungs- und Beziehungsmomente in den Blick geraten. Darum möchten wir zunächst auf ihr Bildungspotenzial aufmerksam machen: „Die alltäglichen Situationen im Kindergarten sind so voller Lernanregungen. [...] Günstige Bedingungen stellen Erzieherinnen dann bereit, wenn jedes Kind Aufmerksamkeit und Zuwendung erfährt, wenn die Kinder ihr Leben aktiv und ideenreich mitbestimmen und gestalten können, wenn ihre Erfahrungen ernst und ihre Kräfte herausgefordert werden“ (Preissing & Heller 2009, S. 43).

Zugleich hören wir immer wieder, wie herausfordernd es ist, Routinen in der Kindertageseinrichtung kindorientiert zu gestalten. Die Gestaltung des Alltags bewegt sich im Spannungsfeld zwischen einem klar strukturierten Tagesablauf, der Kindern Orientierung gibt, und genügend Zeit und Flexibilität, um die individuellen Interessen und Bedürfnisse der Kinder aufzugreifen und zu berücksichtigen. Ob beim Ankommen, Verabschieden, Vorbereiten des Mittagstischs, Anziehen oder bei Pflegesituationen – in Übergängen und Routinesituationen begegnen den Kindern vielfältige Lernanregungen. So können zum Beispiel feinmotorische Kompetenzen beim Ausziehen der Jacke entwickelt werden, mathematische Fähigkeiten lassen sich beim Abzählen der Teller fördern und Kinder können innerhalb von Pflegesituationen ihren eigenen Körper entdecken.

Dabei spielt die Zeitplanung eine wichtige Rolle. Der Tagesablauf sollte pädagogischen Fachkräften ermöglichen, immer wieder innezuhalten, um Lern- und Spielsituationen gemeinsam mit den Kindern nutzen zu können. „Die Kinder brauchen Zeiträume, in denen sie im Spiel versinken können, den Augenblick genießen und die Zeit vergessen dürfen“ (Kleemiß 2011, S. 8). Indem das Kita-Team die Alltagsgestaltung bewusst an den Kindern orientiert, lernen sie, ihre Bedürfnisse wahrzunehmen und immer selbstbewusster individuellen Spiel- und Lerninteressen nachzugehen. Beobachten Sie die Kinder hier aufmerksam im Spiel, aber genauso in den alltäglichen Situationen: Welches Kind wäscht sich sehr häufig die Hände und ist nicht vom Wasserhahn wegzubekommen? Wie experimentiert ein Kind mit dem Essen? Untersucht ein Kind beim Umziehen konzentriert seinen Fuß?

Der Schlüssel zur kindorientierten Alltagsgestaltung liegt in der Flexibilität der Erwachsenen. Eine kindorientierte Alltagsgestaltung bedeutet also nicht mehr Zeitaufwand, sondern flexibles Eingehen auf die jeweilige (Lern-)Situation, die sich Ihnen und den Kindern bietet. Gehen Sie darüber mit Ihren Kolleg*innen in den Austausch. Durch eine gemeinsame Haltung können Irritationen innerhalb des Teams im Alltag vorgebeugt werden. Stress können Sie entgegenwirken, indem Sie bei den Routinesituationen genügend Zeitpuffer einplanen.

Greifen Sie Themen der Kinder auf, gehen Sie mit ihnen in den Dialog und nutzen Sie diese Alltagssituationen, um die Kinder auf ihrem eigenen Bildungsweg zu bestärken, zu fördern und zu fordern (vgl. Hildebrandt & Dreier 2014). So lernen die Kinder immer wieder Neues und erfahren, in der feinfühligen Begleitung, dass ihre Interessen und Bedürfnisse wertgeschätzt werden.

Schon morgens rennen Tara, Akim und Florence wild über die Flure. Sie spielen Räuberbande. Im Morgenkreis sollte heute eigentlich nur besprochen werden, welche Angebote zum gemeinsam gewählten Projektthema „Luft“ in welchen Räumen stattfinden. Kurzerhand besprechen sich die pädagogischen Fachkräfte und beschließen, den Kindern am Vormittag zusätzlich eine Möglichkeit zum Bewegungsspiel anzubieten. Tara, Akim und Florence entscheiden sich für den Außenbereich. Gemeinsam mit einer Fachkraft bauen sie im Baubereich ein Räuberversteck.

Die Fachkräfte in diesem Beispiel haben sowohl die Bedürfnisse aller als auch einzelner Kinder im Blick. Sie zeigen, dass sich bei einer guten Teamkultur und klaren Absprachen eine übersichtliche Tagesstruktur mit den einzelnen Bedürfnissen und individuellen Interessen der Kinder durch etwas Flexibilität vereinbaren lässt. So werden viele Bildungsprozesse möglich, die an die Lebenswelt der Kinder anknüpfen.

Reflexion

Alltag auf dem Prüfstand

- Nach welchen Ideen, Wünschen, Bedürfnissen und Planungen wird der Tagesablauf in Ihrer Kita gestaltet?
- In welchen Situationen können die Kinder den Kita-Alltag selbstständig gestalten?
- Wann müssen die Kinder sich vorgegebenen Tagesstrukturen unterordnen? Für wen ist das wichtig?

Mit Kindern gemeinsam den Alltag in der Kindertageseinrichtung zu gestalten, bedeutet einerseits Strukturen zu entwickeln, an denen sie sich orientieren können, und andererseits viele Freiräume für individuelles Spiel zu ermöglichen. Tagesabläufe sollten somit ein hohes Maß an Flexibilität auch für einzelne Kinder aufweisen. Gehen Sie mit den Kinder ins Gespräch und berücksichtigen sie deren Wünsche und Änderungsvorschläge.

3.1 Ankommen und Verabschieden

Mario kommt wie jeden Morgen um 08:30 Uhr in die Kita. Schon an der Tür wird der Erzieher aufgeregt von den Kindern begrüßt: „Mario, schau mal, ich hab heute ein Schneckenhaus auf dem Weg gefunden", „Endlich kommst du. Heute will ich wieder einen ganz hohen Turm bauen!", „Marah weh macht" ... Auch vom Bewegungsraum dringen bereits laute Stimmen auf den Flur. In der Garderobe tröstet seine Kollegin gerade Luis, der eine sehr schlechte Nacht hatte und sich nur schwer von seiner Mutter trennen konnte. Mario atmet tief durch.

So oder so ähnlich sieht der Morgen in vielen Kindertageseinrichtungen aus. Lassen Sie uns in diesem Kapitel darum gemeinsam auf die Alltagssituation des Ankommens und Verabschiedens fokussieren und Ideen entwickeln, wie diese individuell für jedes Kind bestmöglich gestaltet werden können.

„Um den Kindern Zeit für einen sanften Übergang von einer Bezugsperson zur Nächsten zu geben, sollte die tägliche Begrüßung und Verabschiedung nach einem für das Kind positiv erlebten Ritual und nicht zwischen Tür und Angel erfolgen" (Weltzien 2011, S. 10). Jeden Tag bewältigen die Kinder und ihre Familien den Übergang vom Elternhaus in die Tageseinrichtung und wieder zurück. Dieser Übergang fällt gerade den Jüngsten leichter, wenn die Abfolge nach einem ritualisierten Muster erfolgt, zum Beispiel: Ausziehen in der Garderobe, Hausschuhe anziehen, Begrüßung durch die Fachkraft, Übergabe von Arm zu Arm, winken am Fenster, noch fünf Minuten auf dem Schoß sitzen, spielen gehen, gemeinsames Buch ansehen. Dieses Ritual sollte individuell auf die Bedürfnisse der Kinder und ihrer Familien abgestimmt werden (vgl. Kleemiß 2011).

Auch Gespräche zwischen den Familien und den Fachkräften können den Kindern Sicherheit vermitteln. Stellen Sie den Eltern aktiv Fragen zum Wohlbefinden des Kindes, wie: „Wie hat Ihr Kind heute geschlafen? Wie war euer Morgen bisher? Geht es besser mit dem Zahnen?" Je vertrauter und entspannter sich Eltern und Fachkräfte bei den Bring- und Abholsituationen begegnen, desto entspannter können auch die Kinder den täglichen Loslösungsprozess bewältigen. „Tägliche Gespräche haben daher ganz unabhängig von den Inhalten einen großen Wert für die Kinder und sollten entsprechend achtsam gestaltet werden" (Weltzien 2011, S. 10 f.).

Indem pädagogische Fachkräfte durch genügend zeitliche Ressourcen auf die individuellen kindlichen Bedürfnisse in den Bring- und Abholsituationen eingehen, vermitteln sie den Kindern und deren Familien, willkommen zu sein. Um das umzusetzen, bedarf es jedoch einer guten Organisation. Wie könnten Sie dafür sorgen, dass Sie im Trubel am Morgen und am Nachmittag die Orientierung behalten und jede Familie individuell begrüßt werden kann? Überlegen Sie im Team, wie Sie sich morgens so auf die Räume aufteilen können, dass genügend Fachkräfte den Übergang auch bei Personalausfall begleiten können. Damit beugen Sie stressigen Situationen vor. Besprechen Sie auch die Möglichkeit, feste Flurdienste und zum Beispiel eine Rezeption zu installieren. Durch diese freundliche und entspannte Atmosphäre lassen sich Kinder etwa bei Trennungsproblemen leichter trösten und die Eltern können vertrauensvoll den Loslösungsprozess vollziehen. In diesem Zusammenhang bieten sich außerdem Tür-und-Angel-Gespräche an.

Planen Sie auch bei den Abholsituationen für den Übergang genügend Zeit ein. Lassen Sie den Kindern ausreichend Zeit, ihr Spiel zu beenden, und laden Sie die Eltern in den Gruppenraum ein. So kann der Übergang fließender gestaltet werden. Führen Sie wie beim Ankommen Tür-und-Angel-Gespräche, um die Vertrauensbasis zwischen Fachkräften und Familien zu stärken.

Murat (3 Jahre) geht erst seit Kurzem in die Kita. Die Trennung morgens von seinen Eltern fällt ihm noch schwer. Sobald die Mutter oder der Vater die Einrichtung verlassen haben, spielt er jedoch entspannt mit den anderen Kindern. Die Fachkräfte beschließen, den Jungen einmal genau zu beobachten, um eine Lösung für einen reibungsloseren Übergang zu finden: Was spielt er am liebsten? Wofür interessiert er sich aktuell? Gemeinsam in einer Teamsitzung besprechen sie dann ihre Ergebnisse. Dabei wird deutlich, dass Murat sehr gerne in der Puppenecke spielt, sich mit Begeisterung im Spiel verkleidet und sich liebevoll um seine Puppenkinder kümmert.

Die Bezugsfachkraft teilt Murats Eltern die Ergebnisse mit. Auch ihnen ist dieses Interesse schon aufgefallen. Gemeinsam planen sie, Murat durch das anfängliche gemeinsame Spiel in der Puppenecke den Übergang zu erleichtern.

Die pädagogischen Fachkräfte knüpfen in diesem Beispiel an Murats Lebenswelt und seine Interessen an. Die Familie kann so ihr eigenes Ankommensritual entwickeln und Murat den Übergang vom Elternhaus in die Kita erleichtern. Rituale wie diese können folglich nie starre Routinen sein, sondern verändern sich je nach Interessen und Entwicklungsprozessen der Kinder.

Reflexion

Nachdenken über Rituale beim Ankommen und Abholen

- Womit unterstützen Sie das Kind/die Eltern, um ein Ankommens- und Abholungsritual zu entwickeln?
- Was heißt das für Ihre Raumgestaltung und den Umgang mit „festen" Zeiten?

Kinder beim Ankommen und Abholen feinfühlig zu begleiten, bedeutet, an die Bedürfnisse jeder einzelnen Familie anzuknüpfen. Dazu braucht es einen häufigen Austausch mit den Familien, regelmäßige Beobachtungen der Kinder sowie eine entspannte herzliche Grundatmosphäre, die alle willkommen heißt.

K2: Also ich find es toll, wenn ich mal wieder alleine mal wieder reingeht. Ich fand es toll, als ich alleine reingehen konnte.

K3: Ja.

E: Wie war das, als du allein reingehen konntest?

K2: Das war voll cool!

K3: Da haben die Eltern nicht erst mal eine halbe Stunde abgequatscht.

E: War das wegen Corona oder weshalb?

Alle K: Ja, wegen Corona.

E: Und das war toll? Das hat euch gefallen?

K3: Ja, mir sehr doll!

K2: Ja!

E: Warum hat euch das gefallen?

K3: War gut.

E: Und warum war das gut?

K2: Weil es Spaß gemacht hat, ohne die Eltern reinzugehen.

K3: Als wäre man schon ein Schulkind.

E: Ah, das fühlte sich gut an?

K1: Ja!

3.2 Mahlzeitengestaltung

Was hat Essen mit Bildung zu tun? Wie sieht eine kindorientierte Mahlzeit aus? Und was passiert eigentlich, wenn die Kinder (mit)bestimmen, was auf den Teller kommt? Das gemeinsame Essen in der Kindertageseinrichtung bietet vielfältige Bildungs- und Interaktionsmomente – vor allem wenn sich die Kinder beteiligen. „Den Kindern sollte die Möglichkeit gegeben werden, sich selbstbestimmt und selbstwirksam an Essenssituationen zu beteiligen – immer bezogen auf ihre individuellen Fertigkeiten und Fähigkeiten" (Hoch 2015, S. 2).

Neben der reinen Nahrungsaufnahme bieten Mahlzeiten die Möglichkeit zu vielfältigen Interaktionen, Dialogen und Selbstbildungsprozessen für Kinder und pädagogische Fachkräfte. Dafür ist es wichtig, Kinder, wie im Zitat beschrieben, nach ihren Möglichkeiten an der Gestaltung der Essenssituation zu beteiligen. Dies beginnt beispielsweise bei der Vorbereitung des Esstischs, geht weiter bei der selbstbestimmten Auswahl der Mahlzeit bis hin zur Fertigstellung eigener Gerichte. Auch die Beteiligung an der Gestaltung des Speiseplans ist ein wichtiges Instrument, damit sich die Kinder als selbstwirksam erfahren. Zudem können so unterschiedliche Geschmäcker berücksichtigt werden. Selbstwirksamkeit erleben Kinder am Tisch aber auch, wenn sie sich selbst ihre Teller und Becher befüllen können.

Neben der Ausgestaltung der jeweiligen Mahlzeit heißt Beteiligung, dass Kinder die Möglichkeit erhalten, selbst zu entscheiden,

- ob sie essen möchten,
- wann sie essen möchten und
- wie viel sie essen möchten.

„Die Entscheidung, ob ein Kind Hunger hat, was es vom Angebot auswählt und wie viel das einzelne Kind isst, liegt in der Entscheidungsfreiheit jedes einzelnen Kindes. Das ist wichtig, um ein gesundes Gespür für die eigenen Bedürfnisse und Vorlieben zu entwickeln – eine wichtige Präventionsmaßnahme zur Vorbeugung von Essstörungen und Ernährungsfehlern“ (Cantzler 2008, S. 47).

Indem pädagogische Fachkräfte gemeinsam mit den Kindern die Mahlzeiten kindorientiert gestalten und eine angenehme Atmosphäre frei von Zwängen herrscht, können Kinder zum einen lernen, ihr eigenes Hungergefühl wahrzunehmen. Zum anderen erleben sie, dass jeder*r wertfrei mit den individuellen Vorlieben, Grenzen, Bedürfnissen und Abneigungen angenommen wird (vgl. Hohmann 2021).

Reflexion

Nachdenken über die Mahlzeiten

Nehmen Sie bewusst die Sicht der Kinder ein und beobachten Sie die nächste Woche unter diesem Blickwinkel:

- Inwieweit ermöglicht die Mahlzeitengestaltung Kindern, selbstbestimmt zu handeln und mitzuentscheiden?
- Inwieweit lassen die Strukturen, die Ausstattung, Abläufe und Beteiligungsformen selbstbestimmtes Handeln und Mitbestimmung der Kinder zu?
- Wo gibt es beim Essen Barrieren, die abgebaut werden können, um Kinder mehr zu beteiligen?

Sehen Sie sich gemeinsam im Team und mit den Kindern die Strukturen, Ausstattung, Beteiligungsformen und Abläufe rund um die Mahlzeitengestaltung an. Wenn sich diese an den Kindern orientieren, bieten Frühstück, Mittagessen oder der Snack zwischendurch eine Vielzahl von Möglichkeiten zur Partizipation.

Jede Woche besprechen einige Kinder gemeinsam mit der Köchin Natascha den Speiseplan für die kommende Woche. Gerade werden Ideen für den Nachtisch gesammelt: „Was kennt ihr für Obst?" – Zoé: „Ich mag Himbeeren!" Natascha denkt kurz nach. Dann antwortet sie: „Himbeeren mag ich auch sehr gerne. Aber da müssen wir noch ein bisschen warten. Noch ist es hier bei uns in Deutschland Herbst und zu kalt für die Himbeeren. Sie müssten also aus Ländern, die sehr weit weg sind, eingeflogen werden. Das ist leider nicht so gut für die Natur. Aber wir können uns das merken und im Sommer essen wir dann Himbeeren als Nachtisch. Okay?" Zoé nickt und denkt darüber nach, welche Obstsorten sie noch mag. Da ruft Tom: „Natascha, sind Trauben auch Obst? Können wir die dann nachher machen?"

In diesem Beispiel wird sehr klar, dass die Mahlzeitgestaltung vielfältiges Bildungs- und Partizipationspotenzial birgt. Die Kinder lernen hier etwa verschiedene Obstsorten kennen, erfahren etwas über die Bedeutung von Jahreszeiten und bekommen einen ersten Einblick, wo unsere Lebensmittel herkommen und was das für die Umwelt bedeutet. Durch Fragen wie „Wie viele Teller brauchen wir heute?", „Wo kommt unser Essen her?", „Wie schmeckt, riecht und fühlt sich Essen an?" werden unterschiedlichste Bildungsbereiche wie Mathematik, Naturwissenschaften, Sprachförderung und Motorik berührt.

Eine kindorientierte Mahlzeitengestaltung bietet außerdem wertvolle Interaktionsmomente. Durch die aktive Beteiligung der Kinder teilen sie etwas aus ihrer Lebenswelt, sodass Fachkräfte darauf eingehen und gemeinsam weiterforschen können.

Reflexion

Selbstbestimmt essen

Entscheiden Kinder in Ihrer Kita selbst,

- ob sie essen wollen?
- wann sie essen?
- neben wem sie am Tisch sitzen?
- was sie essen?
- ob sie eine Alternative zum servierten Essen bekommen?

Die Aufnahme von Essen und Trinken soll als eine angenehme und gesundheitsfördernde Alltagssituation verstanden werden, in der die Kinder selbstbestimmt handeln und bedürfnisorientiert begleitet werden (vgl. Preissing & Schneider 2009).

K3: Soll ich dir gleich mal das Restaurant zeigen?

E: Ja, gerne

K3: Wir fangen gleich mal. Also, wir haben drei Tische, ein großer Tisch und zwei kleine. Weißt du was? Aber natürlich sind da nicht immer so viele Kinder, dass alles gedeckt werden muss, deshalb nehmen wir auch manchmal weniger Teller und weniger Tassen. Je nachdem, wie viele da sind. Weil man sollte ja nicht einen Tisch umsonst decken.

E: Warum, meinst du, ist das so?

K3: Weil hab ich vergessen.

K4: Okay, jetzt zeigen wir dir das Restaurant. Das sind die Nest-Tischen, hier, die beiden, also das ist der große Tisch, das ist der kleine Tisch und das wieder der kleine.

K3: Die beiden sind einfach nur zusammengestellt.

E: Und warum ist das so?

K4: Ja, weil halt sonst kein Platz mehr ist.

K3: Ja, das sieht man ja auch.

K4: Und darf ich dir noch was sagen? Hier ist das Besteck, hier sind kleine, große Gabeln und Messer und da sind alle Teller.

K2: Die Tischsprüche gibt es noch und die Fragen, ja, und es gibt auch ...

K3 (zeigt auf zwei kleine Plakate, auf denen das Essen bewertet werden kann): Möchte auch ein Blatt!

K2: Ein kleinen Blatt, das ist kein Blatt, das ist ein Frage.

K3: Ob es lecker schmeckt oder schlecht schmeckt.

K2: Es gibt mit traurigen Smileys.

K3: Das heißt „es schmeckt nicht", dann kann man da so einen Punkt machen. Und wenn es beim glücklichen ist, also bei dem Essen, dann heißt es „lecker".

3.3 Gestaltung von Pflegesituationen

Erkunden, teilhaben, mitbestimmen, fühlen, interagieren und lachen: All das kann Teil von Pflegesituationen sein, wenn sie sich an den Bedürfnissen der Kinder orientieren. Was im Kita-Alltag oft nebenher geschieht, bedeutet für Kinder eine wichtige Entwicklungsaufgabe. „Das Sauberwerden, d. h. von sich aus, allein und rechtzeitig zur Toilette zu gehen, um Blase und Darm zu entleeren und sich zu säubern, ist eine der ersten großen Leistungen eines Kindes. Die Begleitung dieser Entwicklungsaufgabe ist eine pädagogische Herausforderung für die Bezugspersonen, denn sie führen das Kind von der zuerst großen Abhängigkeit von ihren Pflegemaßnahmen hin zu immer größer werdender Autonomie beim eigenaktiven Bewältigen der anstehenden Schritte und beim Sich-Selbstversorgen“ (Haug-Schnabel 2011, S. 6).

Insbesondere in Pflegesituationen, wie dem Wickeln, beim Gang zur Toilette, Säubern des Gesichts nach dem Essen oder beim Waschen der Hände, ist eine vertrauensvolle Stimmung und einfühlsames Handeln zwischen pädagogischer Fachkraft und dem Kind bedeutsam. Damit Kinder die Pflegesituation als entspannt empfinden können, ist es wichtig, sie im gesamten Vorgang feinfühlig zu beteiligen. Das setzen pädagogische Fachkräfte etwa um, indem sie die Kinder vorher fragen, ob sie gewickelt werden möchten oder ob sie jetzt bereit sind, eine neue Windel zu bekommen. Nehmen Sie dabei das Nein der Kinder ernst. Versuchen Sie sich in diesen Fällen in die Kinderperspektive zu versetzen: Warum möchte das Kind nicht gewickelt werden? Spielt es gerade ein spannendes Spiel? Möchte es unter Umständen lieber von jemand anderem gewickelt werden? Wie könnte die Wickelsituation so gestaltet werden, dass sie dem Kind mehr Spaß macht?

Kinder haben ein Recht darauf, in Pflegesituationen mitmachen und selbst über ihren Körper entscheiden zu können. Da jedes einzigartig ist und verschiedene Bedürfnisse hat, verläuft auch jede Pflegesituation etwas anders. Versuchen Sie auf die unterschiedlichen Neigungen und Kompetenzen der Kinder achtzugeben und daraufhin Ihr Handeln anzupassen. Die konkrete Beteiligung bei den Pflegesituationen und die damit verbundene individuelle Durchführung verhilft den Kindern, selbstständiger zu werden. Zugleich schaffen Sie dadurch einen Erfahrungsraum für Kinder, in dem ihre Meinung und ihr Recht auf Selbstbestimmung geachtet und respektiert wird. Da ihre individuellen Bedürfnisse und Vorlieben respektiert werden und sie ihre Kompetenzen ausbauen, gewinnen sie auch an Selbstbewusstsein. Indem pädagogische Fachkräfte die Kinder in die Gestaltung der Pflegesituation mit einbeziehen, werden sie also in ihrer Selbstwirksamkeit unterstützt. Das heißt: „Es geht darum, […] immer gerade so viel Hilfe zuzusteuern, dass das Kind auf seinem Weg weitermachen kann. Das Beteiligtsein weckt Selbstwirksamkeitsgefühle: Nicht mit mir geschieht etwas, sondern ich mache und entscheide etwas“ (Haug-Schnabel 2011, S. 7).

Die Unterstützung für Kinder, um in Pflegesituationen Selbstwirksamkeit zu erfahren, fängt bei der Ausgestaltung der Pflege- und Sanitärbereiche an:

- Können die Kinder selbstständig auf den Wickeltisch klettern?
- Wie hoch sind die Toiletten?
- Gibt es Toiletten, die nicht einsehbar sind und die Intimsphäre der Kinder schützen?
- Wie hoch sind die Wasserhähne? Ist die Seife leicht zu bedienen?

Doch auch die konkrete Umsetzung und zum Beispiel die Art der Kommunikation oder die Entwicklung der Badregeln entscheiden darüber, wie kindorientiert Pflegesituationen gestaltet werden können.

Florentine (4,6 Jahre) und Marcus (4,8 Jahre) eilen von draußen ins Bad und laufen zielstrebig zu den Toiletten. Auf einmal hören sie ein lautes „Stopp!". Aische (5,2 Jahre), die gerade ihre Hände wäscht, ruft ihnen zu: „Habt ihr unsere Badregeln vergessen? Seht ihr nicht die roten Schilder an allen Toiletten?"

Florentine und Marcus sehen sich um. Tatsächlich, alle Schilder sind auf Rot gedreht, keine Toilette gibt grünes Licht. Sie müssen beide lachen – ausgerechnet Florentine hatte doch in der letzten Kindertagung die Idee mit den Ampelschildern.

Gerade ältere Kinder können sich beim Entwickeln von Regeln in sensiblen Bereichen wie dem Waschraum stark beteiligen. Sie können normalerweise mühelos benennen, was sie stört oder wie sie miteinander umgehen möchten. Ein weiterer Vorteil bei der gemeinsamen Regelentwicklung besteht darin, dass die Kinder sich dann stärker mit den Regeln identifizieren. So fällt es ihnen leichter, sich an diese zu halten. Bedenken Sie trotzdem immer, dass gerade am Anfang alle Regeln häufiger wiederholt werden müssen, bis sie von allen verinnerlicht und zur Routine werden. Auch sollten Regeln nie zu starr sein. Es empfiehlt sich darum, regelmäßig ein gemeinsames Reflexionstreffen mit den Kindern zu vereinbaren, in dem die Regeln auf den Prüfstand kommen.

Reflexion

Feinfühlig wickeln

- Entscheidet das Kind, von wem es gewickelt wird, wann es gewickelt wird, in welcher Position es gewickelt wird?
- Suchen Sie eine gemeinsame Lösung, wenn ein Kind sich gerade nicht wickeln lassen möchte?
- Nutzen Sie die Pflegesituationen für feinfühlige Kommunikation?
- Wie beteiligen Sie die Kinder beim Wickeln?
- Wer hat die Badregeln aufgestellt? Welchen Bedürfnissen werden sie gerecht/nicht gerecht?

Aus all diesen Punkten wird deutlich, dass die kindorientierte Gestaltung von Pflegesituationen zum einen passende Rahmenbedingungen braucht, die alle Bedürfnisse mitdenken. Zum anderen wird sie durch die Haltung getragen, dass Kinder aktive, selbstständige Subjekte sind. Die Kinder bei den Pflegesituationen kooperativ zu beteiligen, sollte darum immer im Fokus stehen. Eine enge Zusammenarbeit mit den Eltern, in der das Kind in seinen verschiedenen Lebenswelten wahrgenommen wird, ergänzt diese Haltung.

E: Warum sind hier eigentlich Spiegel?

K1: Damit wir angucken können, damit wir gut die Zähne putzen können.

E: Ah, dass ihr euch auch sehen könnt?

K1: Damit wir sehen können, ob wir die Zähne gut geputzt haben.

E: Und ich habe gehört, dass ihr die Zähne immer nach dem Mittagessen putzt.

K1 (nickt): Mhm.

E: Machen das auch die anderen Gruppen?

K1: Mhm.

E: Und warum?

K1: Weil ...

K2: Das mache ich immer zu Hause.

E: Das machst du auch zu Hause?

K2: Und du auch!

E: Ich putze morgens und abends, aber mittags putze ich mir nicht die Zähne. Und warum putzt ihr euch mittags die Zähne?

K3: Weil da sind so Monsterchen da drauf und hammern direkt auf unsere Zähne.

K1: Ja, das macht das, der Monsterkackibacki.

3.4 Ausruh- und Schlafsituationen

Die Kinder in der Krippengruppe sind müde. Während Jules (1,6 Jahre) nach 5 Minuten ohne Begleitung auf seiner Matte einschläft und exakt nach 45 Minuten wieder aufwacht, braucht Yasemine (2 Jahre) ihr Kuscheltier und am liebsten eine Fachkraft neben ihr, um in den Schlaf zu finden. Schläft das Mädchen aber einmal, wacht sie im Unterschied zu Jules erst nach zwei Stunden wieder auf.

Manche Kinder schlafen bereits am Mittagstisch fast ein, während andere den ganzen Tag spielen, toben und auf Entdeckungstour gehen, ohne an Schlaf zu denken. So unterschiedlich Kinder sind, so unterschiedlich fallen auch ihre Bedürfnisse nach Ruhe und Schlaf aus. Zahlreiche Studien zur Erfassung des Schlafbedarfs von Kindern haben gezeigt, dass sich bereits bei den Jüngsten große Unterschiede bezüglich der Dauer und der Eigenheiten des Schlafes auftun (vgl. Galland, Taylor, Elder & Herbison 2012).

Wichtig ist daher, die Ausruh- und Schlafsituationen individuell auf die Kinder abzustimmen: „Für den Weg in den Schlaf brauchen Kinder in der Kita vor allem das Gefühl von Geborgenheit. [...] Begeben sich Kinder in der Kindertageseinrichtung in den schutzlosen

Zustand des Schlafs, sind verlässliche und feinfühlige Pädagoginnen und Pädagogen gefragt. Neben der biologisch angelegten Notwendigkeit von Schlaf, gibt es entwicklungspsychologische und kulturell bedingte Einflüsse, die pädagogisch individuell beachtet werden müssen" (Renz-Polster 2017, S. 6).

Der erste Zugang zum Schlafbedürfnis der Kinder stellen die Eltern da. Wie wird in der Familie das Schlafen gestaltet? Schlafen alle gemeinsam in einem Zimmer oder getrennt? Wann geht das Kind schlafen, wann steht es auf? Anknüpfend an die Schlafgewohnheiten in den unterschiedlichen Familien können Fachkräfte die individuellen Vorlieben und Bedürfnisse der Kinder durch Gespräche, aber auch durch Beobachtungen herausfinden.

Indem sie die Ausruh- und Schlafsituation an den individuellen Bedürfnissen der Kinder ausrichten, ist diese einem ständigen Prozess unterworfen. Dabei sollte das Kita-Team darauf achten, den Kindern einerseits eine wiederkehrende Struktur (Einschlafritual, Schlafplatz, Übergangsrituale, Beteiligung an den Aufgaben) zu ermöglichen, in der sie sich sicher und geborgen fühlen, und andererseits auf Veränderungen von Schlafbedürfnissen flexibel einzugehen. Das bedeutet auch, dass Kinder, welche nicht schlafen möchten, nicht schlafen müssen. Lassen Sie die Kinder ganz bewusst entscheiden,

- ob sie schlafen,
- wann sie schlafen,
- wo sie schlafen und
- wie lange sie schlafen.

Das kann auch von Tag zu Tag unterschiedlich sein. Bieten Sie den Kindern zum Beispiel an, gemeinsam ein Buch zu betrachten oder ein Hörspiel zu hören, wenn sie nicht schlafen möchten. Planen Sie am besten diese Aktivitäten bereits in den Tagesablauf mit ein. So können Sie flexibel auf die Kinder reagieren und geraten nicht in Stress.

Überlegen Sie auch gemeinsam im Team, wie Sie Kindern Ruhemöglichkeiten während des freien Spiels ermöglichen. Gibt es Rückzugsmöglichkeiten, kleine Ruheinseln oder Kuschelhöhlen im Raum? Beispielsweise bietet es sich an, unterschiedliche Ausstattung wie Körbe oder Matten für Entspannungsphasen zur Verfügung zu stellen und durch Beobachtung herauszufinden, welches Kind welche Ruheinsel bevorzugt.

> Die 3-jährige Naledi ist heute schon den ganzen Tag nicht sehr gesprächig. Die Fachkraft beobachtet, wie das Mädchen immer wieder mitten im Spiel innehält und ins Leere starrt. Selbst bei seinem Lieblingslied singt es nicht wie sonst mit. Die Fachkraft berührt Naledi sanft an der Schulter, beugt sich zu ihr herunter und fragt: „Naledi, kann es sein, dass du eine Pause brauchst? Magst du ein Buch lesen?" Naledi schüttelt den Kopf. „Und wie wäre es, wenn ich dir deine Lieblingskuschelmusik in der Höhle anmache?" Das Mädchen blickt auf und lächelt. Gemeinsam bereiten sie die Kuschelecke vor. Naledi kuschelt sich schließlich mit ihrem Schnuffeltuch entspannt ein.

Die pädagogische Fachkraft hat sehr aufmerksam Naledi im Blick. Feinfühlig bietet sie ihr Möglichkeiten zum Ausruhen an. Hier wird deutlich, dass die Fachkraft die individuellen Vorlieben des Mädchens gut kennt. So kann sie kindorientiert auf ihr Schlaf- und Ausruhbedürfnis eingehen. Dadurch wird die Pause vom Spiel zu etwas, was die Kinder genießen können.

Reflexion

Rahmenbedingungen für guten Schlaf

- Wie individuell gestalten Sie die Ausruh- und Schlafsituationen in Ihrer Tageseinrichtung?
- Wurden die Kinder bei der Gestaltung einbezogen?
- Wie können sich die Kinder an den Vorbereitungen und Ritualen beteiligen?

Bedürfnisorientiertes Schlafen und Ruhen in Kindertageseinrichtungen bedarf einer genauen Planung. Gehen Sie im Team immer wieder in den gemeinsamen Austausch, reflektieren Sie die aktuellen Schlaf- und Ruhebedürfnisse der einzelnen Kinder und versuchen Sie diese in den Tagesablauf zu integrieren. Auch die Eltern können hier Hilfe bieten. Fragen Sie sie deshalb regelmäßig, welche Bedürfnisse die Kinder innerhalb des Familienalltags zeigen.

3.5 Übergänge im Alltag

Ankommen, Ausziehen, zum Frühstück, zum Spielen, auf die Toilette, Anziehen, Rausgehen, Reingehen, zum Mittagessen … – die Liste von Übergängen, die Kinder jeden Tag erleben, ließe sich noch beliebig verlängern. „Die sog. Mikrotransitionen, also die kleinen Übergänge im Alltag von einer Situation in eine andere, beanspruchen in der Arbeit mit Kindern bis drei Jahren mehr als die Hälfte des gesamten Tagesablaufes. Es lohnt sich also, diese Übergangssituationen genauer in den Blick zu nehmen und sensibel zu gestalten" (Gutknecht 2013, S. 34). Wie können Fachkräfte diese Übergänge gemeinsam kindorientiert gestalten und pädagogisch nutzen?

Mikrotransitionen können im pädagogischen Alltag sehr unterschiedliche Bereiche betreffen: den Wechsel von Aktivitäten, Räumen, Spielpartner*innen oder Bezugspersonen. Häufig sind diese Übergänge eng mit Routinen verknüpft wie dem An- und Ausziehen in der Garderobe oder den Schlaf- und Pflegesituationen. Jeder davon fordert das Kind heraus, sich auf eine neue Situation einzustellen, und bietet vielfältige Bildungsmomente. Werden die Übergänge feinfühlig, kooperativ und nach wiederkehrendem Muster gestaltet, können die Kinder diese Routinen verinnerlichen. Sie entwickeln so ihren eigenen, nach ihren speziellen Bedürfnissen ausgerichteten Handlungsplan. Dieser gibt ihnen Sicherheit und Orientierung bei der zunehmend selbstständigen Bewältigung von Routinesituationen (vgl. Gutknecht & Kramer 2018).

Indem pädagogische Fachkräfte die Übergänge, insbesondere der Alltagsroutinen, regelmäßig reflektieren, können sie Stresssituationen sowohl aufseiten der Kinder als auch im Team entgegenwirken. Gehen Sie in diesem Zusammenhang gemeinsam in die Reflexion.

Reflexion

Nachdenken über Mikrotransitionen

- Welche Mikrotransitionen gibt es bei Ihnen im Laufe eines Tages?
- Laufen diese jeden Tag gleich ab? An was können sich Kinder orientieren?
- Wie sind die Teilschritte gestaltet?
- Müssen die Kinder häufig warten?
- Unterstützten Ihre Raumgestaltung und Ausstattung einen fließenden Übergang?
- Wie groß sind die Kindergruppen bei den Übergängen?
- Was genau können die Kinder in den Übergangssituationen lernen?

Nehmen wir zur Verdeutlichung einmal die Garderobensituation genauer unter die Lupe: Gerade das An- und Ausziehen bietet aufgrund seiner Alltagsrelevanz und häufiger Wiederholung großes Bildungspotenzial. Gehen Sie dazu in den Dialog mit den Kindern. Begleiten Sie die individuellen Lern- und Bildungsprozesse und stellen Sie ihnen bewusst Fragen: „Was möchtest du anziehen, damit du draußen nicht frierst und nicht nass wirst?", „Wie fühlt sich dein Körper heute an?" So können Kinder die Sinnhaftigkeit von Routinen, wie dem An- und Ausziehen, nachvollziehen. „Kinder bauen über kooperative Pflegehandlungen mit den Fachpersonen nach und nach Selbstpflege- und Selbstfürsorgekompetenzen auf, was als ein sehr wichtiges Ziel im Kontext zunehmender Autonomie betrachtet wird" (Gutknecht 2015, S. 110).

Noah stürmt im Herbst in die Garderobe, schnappt sich seine Schuhe und will nach draußen. Schließlich scheint heute die Sonne! Kinderpflegerin Ulrike kommt hinzu. „Noah, was meinst du, wie warm es heute ist?" Der Junge antwortet blitzschnell: „Superwarm, die Sonne scheint doch!" – „Das hast du ziemlich gut beobachtet. Magst du vielleicht trotzdem erst einmal kurz nach draußen gehen und auf deiner Haut spüren, wie sich heute der Wind anfühlt?"

Die pädagogische Fachkraft zeigt dem Jungen in diesem Beispiel auf, dass seine Beobachtung über die Sonne ein wichtiger Aspekt ist, um das Wetter einzuschätzen. Gleichzeitig gibt sie ihm die Möglichkeit, selbst die Erfahrung zu machen, ob die Sonne noch warm genug ist, um ohne Jacke nicht zu frieren. Noah lernt so, bewusst seinen Körper wahrzunehmen.

E: Wofür braucht ihr die Regensachen?

K1: Wenn es ganz doll regnet.

K3: Wenn es regnet.

K2: Oder wenn alles nass ist oder wenn man …

K3: Oder wenn es so nass ist, dann kann man ja leicht ausrutschen. Deswegen nehmen wir immer die Gummistiefel, wenn es draußen nass ist oder wenn es regnet und Pfützen gibt und wir in die Pfützen springen wollen, dann müssen wir uns die Regenhosen anziehen und die, die, die Dings.

E: Und wie wird das entschieden, was ihr anzieht von den ganzen Sachen?

K1: Also das entscheiden wir.

Kinder feinfühlig in den Übergängen im pädagogischen Alltag zu begleiten, trägt dazu bei, dass sie sich zu selbstbewussten, eigenständigen und verantwortlichen Menschen entwickeln können. Sie können lernen die eigenen Bedürfnisse und die der anderen wahrzunehmen und zu respektieren. Um Kindern Selbstbestimmung und Orientierung im Alltag zu ermöglichen, bedarf es deshalb bedürfnis- und damit kindorientierter Routinen.

3.6 In der Kita unterwegs sein

Wie sieht der Tagesablauf in der Kita aus? Können sich Kinder da aufhalten, wohin sie ihr Spiel, ihre Entdeckungslust führt, oder wird ihr Bewegungsradius von bestehenden Strukturen oder Erwachsenen eingeschränkt? Dieser Frage lohnt es sich nachzugehen. Denn „frei ist, wer gehen kann, wohin er möchte" (Grün 2014).

Für Erwachsene ist es selbstverständlich, dass sie in ihren alltäglichen Angelegenheiten viel selbst entscheiden. Bei Kindern sieht das oft anders aus – auch in vielen Kitas. So glauben Pädagog*innen häufig, den Kindern nicht zumuten zu können, ihren Alltag aktiv mitzugestalten. Sie fürchten eine Überforderung der Kinder und entwickeln Strukturen und Regeln, die sie in ihrer Entscheidungsfreiheit stark einschränken. Auf der anderen Seite erleben wir Kita-Alltag aber auch als Möglichkeitsraum. Nämlich wenn pädagogische Fachkräfte mit den Kindern die Rahmenbedingungen schaffen, dass diese ihre Bewegungsbahnen und Lernwege individuell gehen können.

Die 1,5-jährige Lisa sitzt mit den anderen Kindern und pädagogischen Fachkräften ihrer Krippengruppe im Abschlusskreis. Sie steht auf, geht zu ihrer Bezugserzieherin Tine, nimmt diese bei der Hand und bedeutet ihr aufzustehen. Tine lässt sich darauf ein. Sie ist neugierig, was das Mädchen ihr zeigen möchte. Lisa geht zielstrebig zur Gruppentür. Die Fachkraft öffnet die Tür, weil das Mädchen den Türgriff noch nicht erreicht. Jetzt übernimmt Lisa wieder die Führung: Ihr Weg führt zur nächsten Gruppe. Nachdem sie mit ihrer Erzieherin durch die geöffnete Tür gegangen ist, steuert sie auf die Malwand zu. Sie deutet auf die Farben und sagt: „Malen." Tine öffnet die Farbtöpfe und heftet ein Papier an die Malwand. Lisa nimmt sich einen Pinsel, taucht diesen in einen Farbtopf und beginnt zu malen.

Tine muss auch einige Tage später noch an dieses Erlebnis denken. Schließlich nimmt sie das „eigensinnige" Verhalten des Mädchens zum Anlass, um mit den anderen Pädagoginnen den Alltag in der Krippe zu reflektieren. Dabei kommen sie zu dem Ergebnis, den obligatorischen Abschlusskreis neu zu konzipieren. Er bleibt weiterhin als angeleitete Aktivität bestehen, basiert aber auf Freiwilligkeit. Die Kinder haben fortan die Möglichkeit zu entscheiden, an dem Abschlusskreis, der abwechselnd in einer der beiden Gruppen angeboten wird, teilzunehmen oder einer anderen Tätigkeit im Haus nachzugehen. Diese Entscheidung stellt für alle eine Erleichterung dar. Denn wer am Kreis wie und wie lange teilnehmen möchte, entscheidet dies freiwillig, und das entspannt das Geschehen. Ein ständiges Ermahnen und Ermuntern der Kinder, bis zum Ende durchzuhalten, ist nicht mehr nötig. Die Kinder, die daran teilnehmen, tun das mit Freude und Motivation.

Kindlicher Eigensinn wird sichtbar, wenn Kinder die gesamte Einrichtung für ihr Spiel, ihr Tun nutzen. Wenn sie die Möglichkeit haben, ihr Spiel in verschiedene Räume, auf unterschiedliche Ebenen oder gar in den Garten zu verlegen. Sind pädagogische Fachkräfte sich einig, diesen Eigensinn zuzulassen, können Kinder ihre individuellen Wege gehen und vermehrt kreative Ideen entwickeln. Dazu gehört, frei über Material und Räume verfügen zu können und dass in der Kita anregende Materialien in ausreichender Zahl vorhanden sind. Grundsätzlich finden Kinder die Materialien ansprechend, die etwas mit ihnen, ihrer Familie, ihren Familienkulturen, ihren Erfahrungen und Kenntnissen, ihren Fragen und Befürchtungen zu tun haben. Was auf sie dann tatsächlich anregend wirkt, entscheiden sie selbst. Denn aus Erwachsenensicht mögen manche Spielmaterialien wertvoll erscheinen, die Kinder in der Praxis nicht interessieren – und umgekehrt (vgl. Ries-Schemainda & Wagner 2018).

Als der Hort der örtlichen Grundschule aufgelöst wird, können die Kinder entscheiden, welches Material sie im Kindergarten gut gebrauchen können. Unter anderem entscheiden sie sich für Barbie-Utensilien, die eine Mutter den Hortkindern geschenkt hat. Die Barbiepuppen sind nicht nur bei den Mädchen sehr beliebt. Auch Kobe spielt mit Eva häufig damit in der grünen Gruppe, wo die Barbiekiste aufbewahrt wird.

Viele Wochen spielen sie dort zusammen, bis sie auf die Idee kommen, ihren Spielradius zu erweitern. Sie suchen die rote Gruppe auf, um den Puppen die Achatschnecken zu zeigen, die dort beheimatet sind. Zuerst beobachten die Kinder sie nur: Sie interessieren sich dafür, wie die Schnecken ihre Fühler bewegen. Schließlich wissen sie, dass dort die Augen sitzen. Kobe hebt eine Schnecke hoch und setzt sie auf die Salatgurke, sodass diese sofort anfängt zu knabbern. Als die fressende Schnecke ihre Fühler zu den Kindern dreht, bemerkt er: „Oh, die Schnecke sieht uns, sie dreht die Augen zu uns!“ Jetzt kommen die beiden Barbies ins Spiel. Kobe stellt seine Barbie ins Terrarium und beobachtet, wie das Tier darauf reagiert. Als Eva ihn fragt: „Sieht die Schnecke mich?“, ermutigt er sie, ihre Barbie auch ins Terrarium zu stellen. Da das Mädchen der Schnecke mit der Puppe sehr nahe kommt, zieht diese ihre Fühler ein. Das gefällt Eva nicht. Sie nimmt ihre Barbie aus dem Terrarium heraus: „Die Schnecke hat noch Hunger. Wir lassen sie jetzt alleine, dann kann sie in Ruhe fressen.“ Zu den beiden Barbies und Kobe sagt sie: „Kommt, wir gehen in die blaue [Gruppe]. Dort kann ich euch mein Lieblingsbilderbuch vorlesen.“

Das Beispiel veranschaulicht, dass die Bewegungsbahn der Kinder keiner generellen Absicht folgt, sondern die Absichten wechseln, abhängig von Zufällen und neuen Inspirationen. Solche eigensinnigen Bildungswege sind dann möglich, wenn Kinder freien Zugriff auf Spielmaterialien und ihre Umgebung haben, der Zugang zu unterschiedlichen Menschen in der Kita möglich ist, wenn sie Zeit für ihre Erkundungen bekommen und die Erlaubnis haben, sich in unterschiedlichen Räumen zu bewegen. Frei die Einrichtung erforschen zu können, bedeutet auch, frei von An- und Abmeldesystemen zu sein. Bestände die Regel, sich beim Wechseln von einem in einen anderen Raum an- und abzumelden, könnte das Kinder in ihren spontanen Impulsen hemmen. Im schlimmsten Fall könnte es sogar zu einem Spielabbruch kommen.

Reflexion

Wege frei machen

- In welchen Alltagssituationen gelingt es Ihnen, die Kinder ihre individuellen Wege gehen zu lassen?
- In welchen Situationen fällt Ihnen das eher schwer?
- Für wen sind An- und Abmeldesysteme wichtig? Wie könnte man darauf verzichten?

Die sozialräumlichen Aneignungstätigkeiten von Kindern folgen ihren eigensinnigen Lerninteressen, ihren kommunikativen, sozialen und motorischen Bedürfnissen. Ihnen den Zugang zu Materialien, Räumen, Menschen in der Einrichtung zu ermöglichen, das ist es, was Kinder ermutigt, ihre Bewegungsbahnen auszudehnen und sich in Bildungsprozessen zu engagieren. Vertrauen Sie darauf, dass Kinder ihr Aneignungstempo und die Dauer ihrer Auseinandersetzungen selbst bestimmen können.

3.7 Aufräumen

Für die meisten Kinder ist es sehr herausfordernd, ihren Spielprozess beenden zu müssen. Sie lernen unter anderem durch Neugierde. Sie erforschen ihre Umgebung, den Raum, in dem sie sich aufhalten, und die Gegenstände, die sie darin vorfinden. Aufräumen bedeutet für sie einen Spielabbruch – und Langeweile. Plötzlich erscheint jedes Teil, das sie zurück ins Regal räumen sollen, wie ein großer Schatz, den sie nicht loslassen möchten. Für die pädagogischen Fachkräfte hingegen ist die Aufräumzeit in vielen Einrichtungen gleichbedeutend mit Stress und Ermahnungen. Aber warum fällt es so schwer, diese Tätigkeit als Mikrotransition und Lernsituation zu erkennen und zu gestalten? Wie können Fachkräfte es schaffen, das Aufräumen als eine Situation zu sehen, in der Kinder und Erwachsene von- und miteinander lernen können?

Gerade für **sehr junge Kinder** ist es wichtig, dass sie Kisten ausräumen und die Dinge liegen bleiben können. Beobachtungen zeigen, dass sie oft wieder auf das Ausgeräumte zurückgreifen und dann neue Spielideen entwickeln. Auch andere werden durch das Material angeregt, eine Spielidee aufzugreifen und weiterzuentwickeln. Nehmen Gegenstände, die herumliegen, zu viel Platz weg und stören Kinder bei ihrem Spiel, werden sie im Einvernehmen zwischendurch weggeräumt. Das alles geschieht aus der Beobachtung und der sensiblen Entscheidung der einzelnen pädagogischen Fachkraft heraus.

Ein besonders gelingender Faktor beim Aufräumen ist das Thema Zeit. Der Übergang vom Spielen ins Aufräumen stellt eine Mikrotransition dar und sollte nicht unter Zeitdruck geschehen. Besteht Eile, lassen pädagogische Fachkräfte die Dinge liegen und die Kinder können sich in Ruhe auf die folgende Aktivität einstellen und einlassen. Im Anschluss räumen die Fachkräfte auf. Damit Kinder einen Sinn für Ordnung und Aufräumen entwickeln, ist es auch in anderen Alltagssituationen wichtig, dass sie eine Struktur und Rituale antreffen, die ihnen das Ordnunghalten erleichtern. So erlebt das Kind während des Alltags in vielen Situationen, dass es kompetent ist und die einzelnen Situationen mitgestalten kann. Teilhabe stellt sicher, dass Aufräumen auch schon mit den Jüngsten in entspannter Weise gelingen kann (vgl. Ries-Schemainda 2022).

Neo ist 1,6 Jahre alt. Seine Lieblingsbeschäftigung besteht morgens darin, dass er alle Bilderbücher aus dem Regal holt, um sich dann immer wieder dasselbe Bilderbuch von seiner Bezugserzieherin Petra vorlesen zu lassen. Das Ausräumen und Vorlesen stellen ein Ritual für ihn dar, das ihm Sicherheit gibt. Petra schenkt ihm die Zeit, damit er leicht in den Tag finden kann. Nach dem Vorlesen erweitert sie das Ritual um eine Variante: Sie beginnt die Bilderbücher wieder in das Regal einzusortieren. Dabei lädt sie den Jungen ein, ihr zu helfen. Bisher wird das Wort Aufräumen von ihr noch nicht benutzt. Sie findet einen positiven Zugang zu beiden Vorgängen – mit dem Ergebnis, dass Neo Freude empfindet.

Bei diesem Beispiel wird deutlich, dass die Verantwortung für den gelingenden Prozess bei der pädagogischen Fachkraft liegt. Wegweisend ist, dass sie das Ausräumen zulässt und danach das Einräumen mit Lust begleitet.

Mit dem Sortieren beginnt der Prozess, um in das Aufräumen hineinzuwachsen. Es ist eine Aufgabe, die zur Ordnung beiträgt. Gerade Kinder im Krippenalter sortieren mit Vorliebe. Das können pädagogische Fachkräfte nutzen.

Ilayda (2 Jahre) hat die Knete entdeckt. Sie nutzt Förmchen, mit denen sie unterschiedliche Muster aus der Knetmasse aussticht. Für jedes Muster legt sie eine neue Reihe. Ist das Spiel zu Ende, räumt sie die Knete Reihe für Reihe zurück. Das gelingt, weil Erzieherin Mascha ihr Tun begleitet. Als die Fachkraft bemerkt, dass das Spiel mit der Knete an Spannung verliert, regt sie Ilayda an, ein Rücksortier-Spiel zu beginnen. Begeistert beginnt das Mädchen damit.

Die Sortierlust des Krippenkindes kann sich beim **Kindergartenkind** jedoch in Aufräumfrust verwandeln, wenn das Chaos nach ausgiebigem Spiel unüberschaubar ist. Fachkräfte sollten darum mit den Kindern auch nach Lösungen suchen, um Materialien für alle übersichtlich aufzubewahren und kindorientierte Strukturen für den Spielalltag zu etablieren. Wie das aussehen kann, zeigt das folgende Fallbeispiel.

Die Kinder beschweren sich, dass das tägliche Aufräumen langweilig ist und keinen Spaß macht. Die pädagogischen Fachkräfte nehmen die Beschwerde zum Anlass, um mit der Gruppe ins Gespräch zu kommen. Nachdem alle Beteiligten ihre Sicht benennen konnten, überlegen sie, was passieren muss, damit das Aufräumen zur Zufriedenheit aller gelingen kann. Gemeinsam überlegen sie, wo die einzelnen Materialien untergebracht werden können. Wenn der passende Platz gefunden ist, wird ein Foto gemacht, ausgedruckt und an Ort und Stelle positioniert. Das erleichtert die Orientierung. Im Anschluss daran entwickeln die Kinder einen wöchentlichen Aufräumplan. Die verschiedenen Spielbereiche werden auf Fotos festgehalten und in den Plan eingearbeitet. Die Kinder wählen zum Wochenbeginn, für welchen Spielbereich sie Verantwortung übernehmen wollen. Durch diese klare Struktur wissen alle, was nach der Spielzeit auf sie zukommt. Bei dieser Lösung liegt die Verantwortung für das Aufräumen fast ausschließlich bei den Kindern. Die pädagogischen Fachkräfte moderieren den Prozess und erkennen die Lösung der Kinder an.

Diese Lösungsstrategie entspricht Kindergartenkindern. Sie lernen dabei, im sozialen Kontext zu handeln, und erweitern ihre Kompetenz, entsprechend ihrem Entwicklungsstand Verantwortung zu übernehmen und sich solidarisch zu verhalten. Die Basis für das alles besteht darin, dass sie wissen, wo die Materialien und Gegenstände ihren festen Platz haben.

Reflexion

Aufräumregeln auf dem Prüfstand

Aufräumen stellt eine Lebenssituation im Alltag von Kindern und Erwachsenen dar, die immer wiederkehrt. Setzen Sie sich aus diesem Grund mit folgenden Fragen auseinander:

- Wie ist meine Haltung zum Thema Ordnung?
- Wie gelingt es mir, den Aufräumprozess mit Kindern so zu gestalten, dass er als gewinnbringend verstanden werden kann?
- Bringen wir mit den Aufräumregeln mehr Freude in das Leben der Kinder und der Fachkräfte? Und falls nicht, wie können wir sie in diesem Sinne anpassen?
- Was braucht es, damit Kinder achtsam und motiviert aufräumen?

In einer entspannten und partizipativen Atmosphäre gelingt das Aufräumen besser. Jedes Aufräumkonzept steht und fällt damit, ob es Erwachsene für Kinder erdacht haben oder ob sie gemeinsam mit den Kindern zu einer Regelung gefunden haben!

E: Was gefällt euch denn beim Aufräumen?

K1: Also mir gefällt gar nichts beim Aufräumen.

K2: Mir gefällt auch gar nichts beim Aufräumen.

E: Euch gefällt gar nichts beim Aufräumen. Trotzdem müsst ihr aufräumen. Wie haltet ihr das aus? Habt ihr einen Trick, dass euch das Aufräumen gelingt?

K1: Ja, wir haben Tricks.

E: Was sind das für Tricks, verratet ihr sie mir?

K2: Wenn wir Musik dazu haben, kann ich im Takt aufräumen. Das ist besser.

K1: Wenn wir die Bauecke aufräumen müssen, nehme ich mir eine Pylone und räume die Sachen hinein und dann sortiere ich es in die Kästen. Sortieren mache ich gerne.

Wenn alles sortiert ist, weiß ich, wo die Legosteine sind. Das mache ich zu Hause auch so.

K2: Ich habe auch einen Trick. Wenn ich die Legosteine aufräume, nehme ich eine Röhre und stecke die Röhre in die Legokiste. So, dass sie ganz feststeckt. Dann hebe ich die Legosteine auf und lasse sie durch die Röhre rutschen. Das macht Spaß.

3.8 Dialoge mit Kindern

Im Laufe eines Kita-Tages findet eine Vielzahl von Kommunikation zwischen Erwachsenen und Kindern statt. Fachkräfte sollten sogar darauf achten, jede ihrer Handlungen mit Sprache zu begleiten. Denn so können Kinder zum einen ihren Wortschatz erweitern, zum anderen vertiefen Fachkräfte und Kinder durch Kommunikation ihre Beziehung und sie können Alltagsprozesse miteinander abstimmen. Forschungen haben allerdings gezeigt, dass es erstaunlich wenig Interaktionen zwischen Erwachsenen und Kindern in der Kindertagesstätte gibt – und davon der überwiegende Teil instruktiv verläuft, also die Fachkraft den Kindern Anweisungen gibt, was sie zu tun haben (vgl. Siraj-Blatchford et al. 2002; Tietze et al. 2015). Vertiefte und lustvolle Dialoge zwischen Kindern und Erwachsenen finden nur selten im Kita-Alltag statt. Aber wenn doch, dann zeigt sich, dass sie das kindliche Denkenlernen ultimativ unterstützen.

Insbesondere zu einer kindorientierten Pädagogik gehört es, dass Fachkräfte mit den Kindern in den Dialog gehen. Die Grundidee des **Sustained Shared Thinking**, also des gemeinsamen fundierten Nachdenkens (vgl. Hebenstreit-Müller & Hildebrandt 2022; Hildebrandt & Dreier 2014; Macha & Hildebrandt 2020), besteht darin, dass das Gespräch keiner bestimmten Absicht folgt, keine Botschaft oder Lerninhalt vermittelt werden muss. Der Dialog an sich ist das Ziel, weil sich dabei das Gehirn in neuem Denken üben kann. Es kommt also weniger auf das Thema an als auf die Haltung, mit der Erwachsene und Kinder in das Gespräch gehen. Soll ein gemeinsames Nachdenken gelingen, muss den Beteiligten daran gelegen sein, das vorliegende Thema weiterzudenken, neue Ideen dazu zu entwickeln – und miteinander daran zu arbeiten. Kindorientierung bedeutet so auch, dass Fachkräfte sich darum bemühen, mit Kindern gleichberechtigt zu reden und zusammen über etwas nachzudenken.

Die Erzieherin Mona sitzt auf dem Boden. Sie notiert, welche Kinder heute am Mittagessen teilnehmen. Karim (4,3 Jahre) schiebt einen Stoffhund auf dem Boden an ihr vorbei. Beide sehen gleichzeitig auf. Als sich ihre Blicke treffen, sagt Karim: „Der Hund geht Gassi." Mona nickt: „Ja, das sehe ich. Hat er eine Leine?" Karim schiebt den Hund ein bisschen weiter und nickt. Beinahe ist das Gespräch vorbei, doch eine

Lampe an der Decke flackert und beide blicken hoch. „Was wäre, wenn der Hund an die Decke fliegen könnte?", fragt Mona. Der Junge setzt sich auf. „Dann würde der an der Decke laufen!" – „Aber die Leine müsste lang genug sein", fügt Mona hinzu. Karim nickt: „So lang bis in den Himmel!" Und nach einer kurzen Pause: „Und wir hätten ein Raumschiff!" – „Oh ja, und wir würden durch das Weltall fliegen …", denkt die Erzieherin laut weiter. Beide blicken versonnen nach oben. „Aber wie könnten wir da atmen?", fragt Mona. Karim denkt nach und sagt dann: „Wir hätten ja super Raumanzüge. Und der Hund auch!" „Stimmt, die hätten wir", bestätigt Mona. „Und wir wären so schnell in unseren Raumschiffen! Bis zum Mond", ruft Karim. „Ja. Und da würden wir aussteigen aus unserem Raumschiff und mit unserem Hund auf dem Mond Gassi gehen", ergänzt die Fachkraft. „Und der würde auf den Mond pinkeln", sagt Karim. Beide grinsen und sehen sich an. Nach einer kleinen Weile schiebt Karim den Hund weiter durch den Raum und beginnt mit Larissa zu spielen, die auch einen Stoffhund in der Hand hält. Mona macht ihre Liste fertig.

Das Fallbeispiel zeigt, wie Dialoge auf Augenhöhe mitten im Alltag geschehen. Sie sind selten planbar und sie ergeben immer wieder etwas Neues. Im Verlauf des Gesprächs zwischen Karim und Mona haben äußere Einflüsse, wie das Flackern der Lampe, oder eine Idee, wie das Raumschiff von Karim, dazu geführt, dass das Gespräch einen neuen Dreh bekommt und sich weiterentwickeln kann. Die Initialfrage der Fachkraft „Was wäre, wenn …?" fungiert allerdings als eine deutliche Einladung, miteinander in einen Denkdialog zu gehen. Sie signalisiert damit, dass sie auf ein Gespräch Lust hat und sich für einen Moment Zeit dafür nehmen möchte.

Anlässe für Denkdialoge gibt es im Kita-Alltag am laufenden Band. So gut wie alles eignet sich, um ein bisschen ins Nachdenken zu kommen: Warum sind die Sachen eigentlich so, wie sie sind? Was wäre, wenn irgendetwas anders wäre? Meistens müssen sich Fachkräfte dafür nur ein paar Minuten Zeit nehmen, sodass diese Gespräche in viele Alltagsmomente (beim Anziehen, beim Essen, beim Händewaschen, wenn man gemeinsam nach draußen geht usw.) integriert werden können.

Wie Sie merken, geht es bei den Denkdialogen nicht darum, ein irgendwie bewiesenes Sachwissen zu lernen. Fachkräfte sollten darum nicht die Richtung für die Lösung vorgeben oder direkt vorschlagen: „Das weiß ich nicht, das müssen wir im Lexikon/Internet nachschauen." Denn so kommen die Beteiligten nicht ins gemeinsame Denken. Bei den Denkdialogen geht es darum, den Blick möglichst weit dafür zu öffnen, wie andere Perspektiven, Hypothesen, Ideen, Lösungen aussehen könnten. Dadurch entwickeln die Kinder (und Erwachsenen) Stück für Stück ein Bewusstsein dafür, dass es verschiedene Sichtweisen auf ein und dieselbe Sache geben kann und nicht immer nur eine einzige Lösung oder einen einzigen Weg. Sich auf scheinbar unmögliche Gedankengänge einzulassen, ist in der Wissenschaft ein Erfolg versprechender Weg für neue Erkenntnisse.

Denkdialoge sollen für alle Teilnehmenden lustvoll und anregend sein. Interesse und Spaß am Denken entwickelt sich dadurch, dass der Prozess im Vordergrund steht. Daraus entstehen wie von selbst tolle Ideen und es stellt sich ein Gefühl von Verbundenheit ein.

Gelingt das aus irgendeinem Grund in einer Situation nicht, ist es sinnvoll, das Thema zu beenden und zu einem anderen überzugehen. Und natürlich können Denkdialoge genauso gut mit mehreren Personen stattfinden, zum Beispiel im Morgenkreis. Fachkräfte sollten dann lediglich darauf achten, dass alle zu Wort kommen, die etwas sagen wollen, und Meinungen oder Ideen anderer nicht abgewertet werden.

Gesprächstipps

Für die Dialoge mit Kindern haben sich folgende Vorgehensweisen und Tipps für die erwachsenen Gesprächspartner*innen als geeignet erwiesen (vgl. Macha, Hildebrandt, Wronski, Lonnemann & Urban, in Vorb.):

Hören Sie genau zu: Kinder formulieren Dinge oft anders, als Erwachsene Dialoge gewöhnt sind. Auch Schlussfolgerungen, was das Kind als Nächstes sagen will oder was es genau meint, lassen sich bei Denkdialogen nicht leicht ziehen. Schließlich sprechen die Teilnehmenden über völlig neue Themen oder Aspekte. Deshalb ist es bei den Dialogen besonders wichtig, ganz genau zuzuhören, was die Kinder sagen, und erst im Anschluss darauf mit der nächsten Frage oder einem eigenen Denkbeitrag zu reagieren.

Warten Sie auf die Beiträge der Kinder: Zu denken und neue Verbindungen zu schaffen zwischen Dingen, die vorher im eigenen Kopf noch nicht verbunden waren, dauert. Das kennen wir selbst, wenn wir uns einem Thema neu zuwenden. Bei Kindern verhält es sich genauso, vielleicht arbeitet ihr Kopf beim Denken sogar noch intensiver. Darum brauchen sie Zeit, um ihre Gedanken zu formulieren. In diesen Momenten geschieht auch auf der Beziehungsebene etwas: Wenn die Kinder erfahren, dass die erwachsene Person auf ihre Gedanken wartet, dann erleben sie, dass es wichtig ist, was sie zu sagen haben, dass es jemand hören möchte. Sie erleben, dass Denkprozesse Zeit brauchen und es in Ordnung ist, sich diese zu nehmen. Sie erleben, dass jemand sich ihnen voll und ganz zuwendet. Zählen Sie darum zum Beispiel bis 15, wenn sie auf einen Beitrag des Kindes warten, atmen Sie tief durch und versuchen Sie dann an der Körpersprache zu lesen, ob es etwas sagen möchte oder nicht. Wenn Kinder erst lernen müssen, dass ihnen jemand zuhört, dann dauert es vielleicht mehrere Anläufe und mehr Zeit, bis sie sich mit Eifer an den Denkdialogen beteiligen.

Zeigen Sie Ihre eigene Unwissenheit: Üblicherweise erleben Kinder Erwachsene in ihrem Leben und auch der Kita als Wissende und Anführende. Sie sagen, wie was wo gemacht werden soll, haben Antworten auf viele Fragen und zeigen auch sonst in ihrem Auftreten und Gesprächsverhalten, dass sie einen Wissensvorsprung haben. Dass das nicht immer so ist und erwachsene Personen auch Unsicherheit oder Angst erleben und eine ganze Menge nicht wissen, wird leider im Alltag nicht oft genug sichtbar. Für gleichberechtigte Denkdialoge ist es deshalb besonders wichtig, deutlich zu markieren, dass Sie nicht wissen, wie die „richtige" Antwort lautet. Damit eröffnen Sie den (Spiel-)Raum für neue Ideen der Kinder.

Versuchen Sie mit Ihrem Unwissen möglichst offensiv vorzugehen, aber bleiben Sie authentisch. Bestimmte Ausdrücke, sogenannte epistemische Marker, helfen dabei, diese Unsicherheit auszudrücken. Der Gebrauch des Konjunktivs („könnte", „was wäre …") und Wörter wie „vielleicht" oder „eigentlich" markieren Offenheit und machen die Fragen zu Denkfragen, nicht zu Wissensfragen:

- „Ich weiß das gar nicht …"
- „Ich habe gerade keine Ahnung, wie könnte das denn gehen?"
- „Was könnte das sein? Hast du eine Idee?"
- „Warum, denkst du, ist das eigentlich so?"
- „Könnte das vielleicht so sein?"

Reflexion

Nachdenken über Gespräche

- Beobachten Sie ganz genau, wie die Kinder reagieren, wenn Sie sagen, dass Sie etwas nicht wissen. Wie geht die Situation dann weiter?
- Wie hat sich die Situation für Sie und vielleicht für das Kind angefühlt?
- Tragen Sie Ihre Beobachtungen ins Team: Wie erleben die anderen die Gespräche mit Kindern?

Stellen Sie sicher, dass Sie das Kind richtig verstanden haben: Wenn das Gespräch in einem vollen Raum oder beim Spaziergang auf einer lärmenden Straße stattfindet oder wenn das Kind nicht so deutlich spricht oder (noch) keinen großen Wortschatz hat, dann können Verständnisprobleme auftreten. Im Denkdialog geht es nicht vorrangig um sprachförderndes korrektives Wiederholen der Aussagen der Kinder, sondern darum, aktiv zuzuhören und das Kind zu verstehen, damit Ihr nächster Gedanke daran anknüpfen kann. Das können Sie sowohl als Frage als auch als Beschreibung formulieren: „Ach, du meinst …?", „Hm, meinst du …?"

Warten Sie dann ab, was das Kind antwortet, und nutzen Sie den Moment, um noch einmal über die Aussage nachzudenken – vielleicht kommt Ihnen noch eine andere Idee. In dieser Zeit kann das Kind für sich „übersetzen" und überlegen, ob es das gemeint hat, was Sie verstanden haben. Machen Sie sich immer klar, dass das Kind etwas anderes gemeint haben könnte als Ihre Interpretation, und seien Sie offen dafür: „Du guckst so, als hätte ich dich falsch verstanden … Erklärst du es mir noch einmal, bitte?" Behalten Sie dabei die in der Mimik und Gestik ausgedrückten Gefühle des Kindes genau im Blick. Scheint die Nachfrage ihm unangenehm zu sein, dann leben Sie besser damit, dass Sie es momentan nicht genau verstehen können. Reden Sie einfach so weiter oder gehen Sie zum nächsten Thema über.

Seien Sie offen für alle Antworten der Kinder: Nicht jeder Gedanke leuchtet uns Erwachsenen direkt ein. Wenn die Kinder offen denken, kommen sie oft auf Ideen, die Fachkräften auf den ersten Blick abwegig erscheinen – übrigens so abwegig wie zum Beispiel Einsteins

Relativitätstheorie der Wissenschaft seiner Zeit erschien. Kinder denken nicht in den Linien, in denen wir Erwachsenen zu denken gewohnt sind. Sie bringen Dinge miteinander in Verbindung und ziehen Schlussfolgerungen, die wir darum mitunter als fremd empfinden. Können Sie in sich den Impuls wecken, dass der Gedanke – auch wenn Sie ihn (noch) nicht ganz verstehen – eine spannende Idee ist, bei der es sich lohnt, sie einmal selbst zu denken? Dann merken Sie vielleicht, dass Sie dadurch selbst auf neue Ideen kommen. Auch wenn sich Ihnen also nicht direkt erschließt, was die Kinder meinen: Nehmen Sie sich die Zeit, weiter darüber nachzudenken oder im Team zu überlegen, welche Erkenntnisse und Gedankenschätze darin stecken könnten. Mit etwas Glück verstehen Sie durch diese Analyse besser, was dem Kind wichtig ist.

Bringen Sie sich mit Ihren Ideen ein: Eigene Ideen (Hypothesen) als Vorschlag einzubringen, unterstützt das Sammeln von verschiedenen Möglichkeiten oder Erklärungen: „Meine Oma hat immer gesagt, dass die Engel Kekse backen, wenn der Himmel rot ist. Was denkst du, warum färbt sich der Himmel manchmal rot und manchmal nicht?“ Auch Hypothesen, die auf den ersten Blick abwegig erscheinen, führen das Gespräch weiter, weil sie den Möglichkeitsraum für kindliche Interpretationen öffnen.

E: Wenn das nicht aufgeräumt wäre, wie wäre es dann?

K2: Dann würde die Kita vor lauter Kinder und vor lauter Spielsachen und vor lauter Büchern platzen.

E: Und wäre das blöd oder gut?

Alle K: Blöd!

E: Aber warum wäre das denn blöd?

K1: Weil man dann nur noch schwimmen könnte, weil man dann gar nicht mehr laufen könnte, weil man dann da durchschwimmen müsste oder unten durchsuchen und Tunnel basteln.

K4: Und dann müssen wir ins Keller durchschwimmen. Das geht doch gar nicht.

K2: Oder runterrutschen.

E: Also ich finde, das hört sich lustig an. Wäre das nicht mal lustig?

K1: Stimmt. Und dann würde man die ganze Zeit, wenn man den Keller runtergehen würde, einfach runterrutschen.

K2: Oder wenn mal zu viel oder wenn der ganze Wackelpudding überkochen würde, würden wir immer wackeln.

E: Der Wackelpudding auch noch?

K2: Ja, und dann würde man im Wackelpudding rumschwimmen.

K3: Oder reinbeißen.

K2: Oder sich durchfuttern.

K3 (macht Essgeräusche): Namm, namm, namm ...

K1: Und man sinkt dann aber im Wackelpudding ein.

K3: Oder man futtert sich durch den Wackelpudding, aber mit Augen zu.

K2: Oder die Spielzeuge schieben uns in die Küche und dann backen wir etwas.

K3: Oder der Keksteig überschwemmt und sogar über den Garten und dann einmal über die ganze Welt.

3.9 Konflikte bearbeiten

Streiten will gelernt sein! Die meisten von uns haben sich schon einmal ein Leben ohne Konflikte gewünscht. Dabei sind Konflikte ein Motor für Veränderungen und soziale Weiterentwicklung. Verinnerlichen wir das, sehen wir sie nicht nur als Herausforderung, sondern auch als Chance. Aber wie können wir diese Chance auch nutzen? „Konflikte gehören zum täglichen Leben dazu und doch wissen nur wenige, wie man ‚richtig' streitet" (Ribeiro 2019).

Indem Menschen in eine Familie geboren werden, Freundschaften knüpfen oder auch enttäuscht werden, erlernen sie gesellschaftliche Verhaltensweisen und üben sie ein (vgl. Toyka-Seid & Schneider o. J.). Diesen Prozess, in dem man die sozialen Regeln der Gesellschaft verinnerlicht, bezeichnet man als **Sozialisation**. „Die Sozialisation ist wichtig für die Entwicklung des Menschen, damit er sich in der Gesellschaft zurechtfindet. Besonders die Sozialisation als Kleinkind, in der vieles unbewusst gelernt wird, ist entscheidend für die Persönlichkeitsentwicklung" (Toyka-Seid & Schneider o. J.).

Kinder gehen soziale Beziehungen ein und müssen dabei oft noch lernen, rücksichtsvoll miteinander umzugehen. Das zeigt sich unter anderem beim Umgang mit Konflikten. Dass diese in bestimmten Situationen immer wieder auftreten, bedeutet allerdings nicht, dass Konflikte unnötig sind. Kinder haben berechtigte Gründe, sich in eine Auseinandersetzung zu begeben:

- Es kann sich um einen Interessenskonflikt handeln, in dem Unterschiedlichstes ausgehandelt wird, zum Beispiel, wer wie lange auf der Schaukel bleiben darf.
- Kinder suchen ihren Platz in der Kindergemeinschaft, möchten sich etablieren und Freund*innen finden. Zum Beispiel beim Spiel: Die beiden Kinder Nathan und Lea stehen am Sandtisch. Nach einer Weile nimmt Nathan das Eisförmchen, mit dem Lea spielt. Lea beschwert sich und reißt es ihm aus der Hand. Das Geschehen wiederholt sich mehrmals. Der Erzieher Björn vermittelt und fragt Nathan, warum es gerade das Eisförmchen sein muss. Nathan antwortet: „Ich will aber mit der Lea spielen."
- Missverständnisse treten auf, die geklärt werden müssen. Zum Beispiel haben Rebecca und Laila identische Rucksäcke. Rebecca reißt Laila den Rucksack aus der Hand und

schreit: „Du hast meinen Rucksack geklaut!“ Laila wehrt sich und versucht ihren Rucksack wieder zurückzuholen. Erzieherin Vanessa vermittelt. Sie sieht sich mit den beiden Mädchen den Rucksack genau an. Da entdecken sie, dass Lailas Namen im Inneren des Rucksacks vermerkt ist. Nachdem Rebecca sich beruhigt hat, findet sie ihren Rucksack.

- Aufgrund des Alters oder des geringen Wortschatzes fehlen die passenden Ausdrucksmöglichkeiten. Die Entwicklung sozialer und emotionaler Kompetenzen ist eng verknüpft mit der Entwicklung sprachlicher und kognitiver Fähigkeiten.
- Wertekonflikte entstehen, wenn vorhandene Regeln unterschiedlich ausgelegt werden. Dabei geht es um Werte wie Fairness oder Selbstbestimmung. Und es wird deutlich, dass man zwar frei in seinen Entscheidungen ist, aber eben nur, solange man die anderen nicht in ihrer Freiheit einschränkt. Zum Beispiel: Die neue Hochebene in der Einrichtung soll ein Rückzugsort für maximal ein bis zwei Kinder sein, was durch zwei Paar Fußabdrücke vor der Treppe für die Kinder sichtbar ist. Wenn die Hochebene besetzt ist, können die Kinder ein rotes Absperrband vor den Eingang hängen. Mariella und David sind meist sehr früh in der Kita und beanspruchen dann die Hochebene lange Zeit für sich. Das finden die anderen Kinder unfair, obwohl sich die beiden an die Regeln halten.

Indem Kinder miteinander interagieren, kommen ganz von selbst unterschiedliche Vorstellungen zur Sprache, wie miteinander umgegangen werden soll und welche (Spiel-)Regeln gelten sollen. Es finden unterschiedliche Stimmen Gehör, verschiedene Ideen werden eingebracht und führen schließlich zu einer Lösung. In solchen Aushandlungsprozessen spielen Grundwerte wie Gerechtigkeit, Respekt und Freiheit eine Rolle. Auseinandersetzungen über die Geltung und Auslegung der Werte bilden oft den Anlass für eine direkte **Wertebildung**. Pädagogische Fachkräfte haben dabei eine große Bedeutung. Sie greifen unterschiedliche Perspektiven der Kinder auf und kommen mit ihnen über unterschiedliche Werte ins Gespräch. Sie machen diese explizit zum Thema und bringen so einen Reflexionsprozess in Gang (vgl. Fack, Jäckel & Ott 2018).

Die meisten Erwachsenen fühlen sich in Streitsituationen nicht wohl. Das ist der Grund, warum sie auf Konflikte des Öfteren mit dem Satz reagieren: „Jetzt hört auf zu streiten und vertragt euch wieder!“ Besser ist es, erst einmal Zurückhaltung zu üben und mit den streitenden Kindern in den Dialog zu gehen. Nehmen Sie sich Zeit, um von jedem der beteiligten Kinder zu hören, wie es aus seiner Sicht zu dem Streit kam. Helfen Sie ihnen eine Lösung zu finden, mit der alle Beteiligten gut leben können. Nur so lernen Kinder konstruktiv mit Konflikten umzugehen. Positiv bewältigte Konflikte machen Kinder stark. Sie unterstützen sie in der Entwicklung von sozial-emotionalen Kompetenzen, beim Problemlösen und dabei, für sich einzustehen.

Franzi und Nora besuchen mit anderen Kindern einen Spielplatz. Sie haben sich fest vorgenommen, das Hangeln am Kletterbogen heute allein zu bewältigen. Bisher gelang es ihnen nur mithilfe einer erwachsenen Person. Franzi beginnt an der linken Seite des Bogens, Nora nimmt die rechte Seite. Beide Mädchen kommen gut voran. In der Mitte treffen sie aufeinander und müssen ihr Tun unterbrechen. Franzi fordert Nora auf, den Bogen zu verlassen, damit sie mit dem Hangeln fortfahren kann. Als Nora sich weigert, schreien sich beide an und beschimpfen sich heftig. Die Situation droht zu eskalieren. Die pädagogische Fachkraft Gerlinde, die die Gruppe mit einem Kollegen zum Spielplatz begleitet hat, hat die Situation beobachtet und fragt bei den Mädchen nach: „Habt ihr eine Idee, wie ihr beide den gesamten Kletterbogen entlanghangeln könnt, ohne euch gegenseitig zu stören?" Beide halten inne. Plötzlich lenkt Nora ein: „Franzi, ich habe eine Idee, wie wir es beide schaffen können." Sie erklärt ihrer Freundin, wie sie beide hangeln müssen, um aneinander vorbeizukommen. Franzi lässt sich darauf ein. Die zwei Mädchen schaffen es schließlich, einander am Gerüst zu passieren.

Zurück in der Kita, spricht Gerlinde die beiden Mädchen auf die Konfliktsituation an. Nach dem Gespräch schreiben sie gemeinsam eine Lerngeschichte darüber, wie es den beiden gelang, den Konflikt einfallsreich zu beenden. Die Mädchen bewerten die Situation positiv und sind stolz auf ihre Lösung.

Die pädagogische Fachkraft Gerlinde greift erst ein, als das Experiment zu scheitern droht. Durch ihre Impulsfrage ermöglicht sie den Mädchen, den Streit zu unterbrechen und über eine Lösungsstrategie nachzudenken. Indem sie mit den Kindern in der Einrichtung den Vorgang noch einmal reflektiert und mit ihnen eine Lerngeschichte schreibt, lernen die Mädchen: Die Strategie, miteinander zu reden, führt zu einem positiven Ergebnis. Sie lässt sich auch in zukünftigen Konfliktsituationen anwenden.

Reflexion

Auseinandersetzungen begleiten

Erinnern Sie sich an eine Konfliktsituation zwischen Kindern und reflektieren Sie Ihr Handeln in dieser Situation:

- Wie haben Sie reagiert und warum?
- Hätten Sie die Kinder auch auf eine andere Art und Weise begleiten können?
- Wie bewerten Sie Konflikte generell und wie ist Ihr Umgang mit ihnen?

Ein positiverer Blick auf Konflikte lohnt sich. So können pädagogische Fachkräfte die Chance ergreifen, konstruktiv mit Auseinandersetzungen umzugehen und Kinder angemessen bei ihrer Konfliktbewältigung zu begleiten, ohne ihnen fertige Lösungen vorzugeben. Kinder brauchen die Möglichkeit, sich im Streit auszuprobieren und verschiedene Verhaltensstrategien durchzuspielen.

3.10 Spielen

„Spiel ist nicht Spielerei, es hat hohen Ernst und tiefe Bedeutung."

(Friedrich Fröbel)

„15 000 Stunden im Schnitt, 7 am Tag, spielen Kinder in den ersten sechs Lebensjahren und eignen […] sich damit das Wichtigste an, was sie im Leben brauchen" (Hüther & Quarch 2018, S. 183), heißt es im Buch „Rettet das Spiel!" des Neurobiologen Dr. Gerald Hüther. Einen großen Teil dieser Zeit verbringen Kinder in der Kindertageseinrichtung. Damit sind Kitas Orte des Spielens und des Lernens – und pädagogische Fachkräfte wichtige Lernbegleiter*innen.

Auch schon Friedrich Fröbel (1782–1852), der Begründer der Kindergartenbewegung in Deutschland, hat das Spiel als eine der wichtigsten Tätigkeiten von Kindern genannt. In der heutigen Zeit ist das Spiel zudem ein Kinderrecht: Das „Recht auf Spiel" findet sich neben dem „Recht des Kindes auf Ruhe und Freizeit" in Artikel 31 der UN-Kinderrechtskonvention. Im Situationsansatz bekräftigt der folgende konzeptionelle Grundsatz die Bedeutsamkeit des kindlichen Spiels: „Erzieher*innen unterstützen Kinder, ihre Phantasie und ihre schöpferischen Kräfte im Spiel zu entfalten und sich die Welt in der ihrer Entwicklung gemäßen Weise anzueignen" (Preissing & Heller 2009, S. 24).

Nach dem ersten Lockdown in der Coronapandemie gestalten Elli und Mia die Spielküche im Rollenspielbereich um. Der Tisch wird mit einem Laptop, einem Telefon und einer Kanne Kaffee ausgestattet. Die Mädchen kommentieren ihr Tun: „Das ist jetzt unser Homeoffice. Die Mama und der Papa haben das auch zu Hause."

Dieses Beispiel veranschaulicht: Im Spiel machen Kinder sich ein Bild von der Welt, ein Bild von den anderen in der Welt und ein Bild von sich in der Welt (vgl. Preissing & Heller 2009). Kinder bilden im Spiel ihre Lebenswelt nach und gestalten diese entsprechend ihren Vorstellungen um. Dazu verwenden sie ihre Fantasie und konstruieren im spielerischen Tun soziale Beziehungen. Das Spiel steht dabei nicht unter Ergebniszwang. Folgendes Fallbeispiel illustriert, was damit gemeint ist:

Temur, Nora, Avin und Lea sind begeisterte „Bibi und Tina"-Fans. Täglich greifen sie dieses Spiel auf. Dabei galoppieren die Kinder auf Steckenpferden und mit Pferdeleinen durch das Haus und den Garten. Heute bauen sie im Bewegungsraum einen Hindernisparcours auf und überwinden ihn mit ihren Pferden. Sie singen dazu den „Bibi und Tina"-Song und kreieren einen Pferdetanz. Andere Kinder werden neugierig und sehen zu, viele tanzen oder singen mit.

Die Dreiergruppe hat sich nicht vorgenommen, eine Show zu präsentieren – ein Ergebnis vorzulegen. Ihr Ziel bestand darin, sich wie Bibi und Tina zu fühlen und gemeinsam Abenteuer zu erleben. Sie gehen auf ganz natürliche Weise ihrem Bewegungs- und Experimentierdrang nach. Trotzdem und gerade deswegen entsteht daraus eine großartige Gemeinschaftsaktion. Für die Kinder ist allein die Handlung wesentlich, die ihrer Spielabsicht und ihren Zielen zugrunde liegt. Sie probieren mit Freude, höchster Konzentration und Forschungslust Neues aus, gehen Dingen auf den Grund, stellen sie infrage und finden neue Lösungen. Und genau aus diesem Grund bedeutet Spielen immer auch Lernen. Sie lernen freiwillig ohne Versagensängste.

Kinder benötigen viel Zeit und Raum, um in ihre Spielidee einzutauchen und sie mit Begeisterung und Konzentration weiterzuentwickeln. Können sie möglichst viel selbst entscheiden, mit was, wo, wann, wie lange und mit wem sie spielen, fällt es ihnen leicht, in einen Spiel-Flow zu geraten. **Flow** kommt von „fließen", „strömen" und meint hier das als beglückend erlebte Gefühl eines Zustandes völliger Vertiefung und Aufgehens eines Kindes in einem Spiel (vgl. Csikszentmihalyi 2017).

Um Lernprozesse im Spiel sichtbar zu machen, stehen Fachkräfte den Kindern als Ansprechpartner*innen zur Verfügung. Setzen Sie sensibel Impulse, wenn Sie der Meinung sind, dass das Spiel dadurch an Variantenreichtum gewinnen könnte. Möchten Sie mehr über die Beweggründe der spielenden Kinder erfahren, nutzen Sie den Dialog, um sich mit ihnen über ihr Spiel auszutauschen. Der Austausch gewinnt an Nachhaltigkeit, wenn Sie die Erkenntnisse gemeinsam mit den Kindern im **Bildungsportfolio** festhalten. Arbeitet ein Kind etwa über mehrere Tage in der Holzwerkstatt und stellt mühevoll ein Schwert her, können das Fachkräfte nutzen, um mit ihm über seine Ausdauer zu sprechen: „Hast du schon einmal überlegt aufzugeben? Wie motivierst du dich weiterzumachen? Was machst du, wenn etwas nicht sofort klappt? Wie fühlst du dich, nachdem das Schwert fertig ist?" Dieses Gespräch kann dann genutzt werden, um eine Lerngeschichte über das Bewältigen der Herausforderung zu schreiben.

Erzieherin Hildegard beobachtet Miran und Luca im Flur. Miran hat von zu Hause Spielfiguren und ein Feuerwehrauto mitgebracht. Luca fragt, ob er mit ihm spielen kann. Jeder von beiden hat nun eine Figur. Luca sagt: „Hallo, ich kann auch sprechen", und stellt seine Figur vor. „Wie geht es dir?", entgegnet Miran mit der zweiten Figur. Die Kinder haben einen Einstieg ins Spiel gefunden. Luca sagt: „Jetzt ist Feueralarm. Wir müssen schnell die Treppe nach oben gehen ..." Mit den beiden Spielfiguren und dem Feuerwehrauto flitzen die zwei Jungen nach oben in den Mathematikbereich, um das Feuer zu löschen. Als das geschafft ist, führt ihr Weg sie in die Kinderküche, das Bistro und den Baubereich. Überall sehen sie nach, ob die Räume feuerfrei sind. Nach erfolgreicher Überprüfung gehen sie die Treppe wieder hinab, die das Feuerwehrhaus darstellt. Danach setzen sie die Figuren auf den Rand des Treppengeländers und lassen sie nach unten rutschen. Das gefällt den beiden so gut, dass sie es mehrmals wiederholen.

Unten angekommen, begegnen sie Alisa. Sie hält eine Kastanie mit Hülle in der Hand und wendet sich an Luca: „Guck mal, Stacheln." Luca entgegnet: „Ja, Stacheln.

Aber wenn du die wäschst, stacheln sie nicht mehr." Hildegard verfolgt die Unterhaltung der drei Kinder. Sie gibt den Impuls, die These des Jungen im „Wasserlabor" zu überprüfen. Diese Idee greifen sie auf. Zu dritt gehen die Kinder ins Bad, um das Experiment zu starten. Das Kastanienexperiment zeigt, dass Lucas Hypothese nicht standhält. Auch nach dem Waschen mit Wasser pikt sie noch.

Die pädagogische Fachkraft hält sich in diesem Beispiel im Hintergrund, sie begleitet die Kinder beobachtend und lässt sich auf die Spielidee und den mehrmaligen Raumwechsel der beiden Jungen ein. So erfährt sie, was die beiden über Feuerprävention und die Arbeit der Feuerwehr wissen und wie sie sich den Sozialraum Kindertagesstätte erschließen. Was die beiden Jungen genau an diesem Thema interessant finden, könnte sie im Dialog mit ihnen erfahren. Sie möchte allerdings nicht ins Spiel eingreifen. Als Luca seine Hypothese äußert, korrigiert Hildegard ihn nicht. Stattdessen gibt sie den Kindern die Möglichkeit, sie selbst zu überprüfen.

Reflexion

- Wie erschließen Sie sich Spielsituationen der Kinder?
- Wie schaffen Sie möglichst gute Bedingungen, um die Kinder bei der Verwirklichung und Weiterentwicklung ihrer Spielideen zu unterstützen?

Spielen ist der Königsweg des Lernens. Im Spiel lernt das Kind mit allen Sinnen und ganzheitlich. Auf diese Weise eignet es sich selbst aktiv die Welt an.

E: Was machst du gern im Garten?

K3: Im Garten spiele ich immer Pirat. Manchmal spielen wir auch X-Fangen. X-Fangen macht mehr Spaß als Pirat.

E: Warum macht es mehr Spaß?

K3: Weil es gibt 3 Fänger oder 2 Fänger oder 1 Fänger und dann die anderen rennen weg und die Fänger müssen einmal die anderen abtippen, und die angetippt wurden, müssen dann so ein X machen.

E: Ah, so geht das Spiel immer hin und her?

K3: Ja. Und dann, wenn die Fänger nicht mehr Fänger sein wollen, dann sagen die einfach nur „Pause" und dann klären die das alles und dann machen die anderen Fänger.

E: Und sag mal, spielen die Erzieher auch manchmal mit?

K3: Ja, die Erzieher spielen immer mit.

3.11 Raumgestaltung

Kinder wollen verstehen, wie etwas funktioniert. Neugierde ist der Motor ihrer Entwicklung. Von Anfang an wollen sie mitbekommen, was in ihrer Umgebung geschieht. Sie versuchen zu verstehen, was um sie herum passiert und was das mit ihnen selbst zu tun hat (vgl. BZgA 2021). Kinder entdecken gerne und probieren sich aus. Dabei gehen sie auch an ihre Grenzen. Sie möchten Einfluss nehmen und so Selbstwirksamkeit erfahren. Im Situationsansatz gehen wir davon aus, dass Räume in Kindertageseinrichtungen sich dann positiv auf die kindliche Entwicklung auswirken, wenn sie einladend, kommunikativ, partizipativ und bedürfnisorientiert gestaltet sind. „Pädagogische Fachkräfte haben großen Einfluss auf die Meinungsbildung der Kinder. Sie sind abhängig davon, was Erwachsene ihnen ermöglichen. Eröffnen Sie ihnen (Raum-)Welten" (Lipp-Peetz 1998, S. 19).

Sollen sich Kinder in Räumen wohlfühlen und ihre Umwelt entdecken, müssen sie dort zuerst ankommen, sich angenommen fühlen und sich als Teil einer Gemeinschaft erleben.

„Der Turnraum muss zu uns kommen!" So lautet die Beschwerde der Kinder aus dem Krippenbereich, die immer wieder erleben, dass der große Bewegungsbereich in der Kita von den Älteren belegt ist.

Wie kann nun aber der Turnraum zu den Kindern kommen? Die Jüngsten haben eine Idee. Gemeinsam mit den pädagogischen Fachkräften räumen die Kinder einen Raum komplett aus und schaffen somit erst einmal Platz zum Bewegen. Nach und nach füllen sie ihn mit großen Stoffbausteinen, unterschiedlich hohen Hockern und Matten zum Springen.

Die Kinder können sich diese bewegte Raum-Welt schaffen, weil es die Rahmenbedingungen zulassen und die pädagogischen Fachkräfte es ihnen ermöglichen. Das hat zur Folge, dass Kinder, die bisher noch nicht richtig in der Kindertageseinrichtung angekommen sind, sich in dem neu gestalteten Raum wesentlich wohler fühlen, sich öffnen und in der gesamten Einrichtung auf Erkundungstour gehen.

Räume spielen in der kindlichen Entwicklung eine große Rolle. Hier spielt sich das Leben mit all seinen Facetten ab. Fachkräften kommt darum die Aufgabe zu, die Räume aus der Sicht der Kinder zu betrachten und sie gemeinsam zu gestalten. Dabei entsteht immer eine Wechselwirkung: Die Kinder eignen sich einen Raum mit den Fachkräften zusammen an, während der Raum wiederum auf die Menschen in ihm wirkt. Die räumlichen Gegebenheiten haben eine fördernde und anregende Wirkung auf die Personen, die sich darin befinden.

Die beiden Praktikantinnen Athena und Nadine führen eine Befragung zur Raumgestaltung bei den Kindern durch. Sie möchten wissen, was ihnen in dem Raum gefällt und was anders gestaltet werden soll. Die Kinder beklagen, dass sich der

Kreativbereich im Durchgangsbereich zum Garten befindet. Oft fühlen sie sich beim Basteln, Malen und Gestalten von den anderen Kindern gestört. Daraufhin überlegen alle gemeinsam, was zu tun sei. Luciano, Annika und Farah schlagen vor, den Kreativbereich in einem angrenzenden Nebenraum unterzubringen. Dort wurde bisher gebaut und konstruiert. Nach der Abstimmung mit der Gruppe räumen sie das Konstruktionsmaterial vorerst in Kisten. Der Umzug des Kreativbereichs in den Nebenraum kann starten!

Während der nächsten Wochen beobachten die Fachkräfte, dass der Kreativbereich intensiver genutzt wird. Als sie das ansprechen, sagen die Kinder: „Jetzt werden wir nicht mehr gestört und haben unsere Ruhe. Das macht mehr Spaß." Das Konstruktionsmaterial befindet sich mittlerweile in einem Raum, der noch keine Bestimmung hat, da er zum neuen Anbau gehört. Die Kinder beginnen den Raum immer mehr zu einem Bau- und Konstruktionsbereich herzurichten.

Im Situationsansatz gelten bestimmte **Raumregeln**, die die praktische Arbeit für die Raumgestaltung erleichtern:

- „Kinder haben das Recht, sich zu beteiligen: an der Gestaltung ihrer Räume, bei Entscheidungen über deren Nutzung, an der Auswahl und Herstellung von Material.
- Räume verändern sich, weil sich die Menschen ändern und das, was sie bewegt. Sie haben eine Geschichte, Platz für persönliche Spuren und lassen die Inhalte erkennen, mit denen Kinder aktuell beschäftigt sind.
- Untergliederte Räume oder die Aufteilung des gesamten Hauses ermöglichen, gleichzeitig Unterschiedliches zu tun.
- Räume lassen Platz zum Ausruhen überstrapazierter Nerven und ermöglichen damit Gegenerfahrungen zum reizüberfüllten Alltag.
- Im Öko-System Kindertageseinrichtung wird auf eine gesundheitsförderliche Umgebung geachtet, umweltschonend gehaushaltet und der Umgang mit Grenzen geübt.
- In den Räumen spiegeln sich die unterschiedlichen Familienkulturen wider.
- Häuser und Räume passen sich Menschen mit Handicap an, nicht umgekehrt.
- Räume und Material sprechen alle Sinne an. Es ist Platz für unterschiedliche Formen des Selbstausdruckes der Kinder.
- Das Material fordert Kinder heraus. Es unterstützt ihr eigenständiges Entdecken und Erforschen der Welt. In diesem Sinnen ist die gesamte Kita ein Forschungslabor"

K. Bicherl & G. Ries-Schemainda, Pädagogische Ansätze für die Kita: Situationsansatz, © 2018 Cornelsen bei Verlag an der Ruhr GmbH, S. 55

Die Mehrheit der Kinder bringen bei der wöchentlichen Kinderkonferenz ein Anliegen ein. Jakob sagt: „Wir brauchen noch eine Kinderküche! Die im ‚Verkleidungsraum' ist immer besetzt, wenn wir zum Spielen nach oben gehen." Da es auf der zweiten Ebene zurzeit eine freie Spielfläche gibt, schlagen die Kinder vor, die weitere Spielküche dort zu platzieren. Bei den Bedenken der pädagogischen Fachkraft Jolanta, dass für eine weitere Spielküche keine finanziellen Mittel zur Verfügung stehen, kommen die Kinder ins Grübeln. Sie wissen, dass im Abstellraum zwei kaputte Stühle und ein kaputter Kindertisch stehen. Darum schlagen sie vor, diese zu reparieren. Marie stellt fest: „Da haben wir schon zwei Stühle und einen Tisch. Dann können wir ja schauen, ob wir noch mehr alte Sachen finden." Jolanta erinnert sich, dass zu Hause auf dem Speicher noch zwei Nachttische stehen, die sie eigentlich schon lange zum Sperrmüll anmelden wollte. Sie bringt sie mit in die Kita.

Marie, Jakob und noch einige interessierte Kinder sowie Jolanta übernehmen für dieses Vorhaben die Verantwortung. Sie reparieren und restaurieren die Möbel und schaffen mit dem Geld aus der Spendenkasse auch noch neue Stücke an: eine Schüssel, die als Spülbecken eingesetzt wird, zwei Holzkisten, in denen die Lebensmittel verstaut werden, und einen Wasserhahn. Nach drei Wochen intensiver Arbeit kann die zweite Kinderküche eingerichtet werden.

Die Raumgestaltung ist nicht nur eine Frage des Budgets, sondern vor allem eine Frage der Haltung, der Fachkompetenz und des Teilhabe- und Gestaltungswillens. Es ist eine pädagogische Entscheidung, welche Gelegenheiten Räume bieten, was Kinder dort erfahren und lernen und was sie selbst entwickeln und erproben können. Anregungsreiche Räume fördern die Fantasie und Kreativität der Kinder und unterstützen Eigenaktivität.

Reflexion

Gestaltungsräume öffnen

- Wann haben Sie mit Kindern gemeinsam Räume oder das Außengelände entsprechend ihren Wünschen und Bedürfnissen gestaltet?
- Haben die Kinder dabei erlebt, dass ihre Meinung gefragt ist und sie ihre Spuren hinterlassen können?

3.12 Projektarbeit

Warum ist der Himmel blau? Hat ein Marienkäfer immer sieben Punkte? Warum helfen die Erzieherinnen immer beim Basteln, aber wollen nie beim Fußball mitspielen? Wie haben Menschen vor hundert Jahren gelebt? Kinder haben Fragen, suchen nach Antworten und wollen sich eingehend mit den Themen beschäftigen, die sie wirklich interessieren. Projekte bieten einen idealen Raum dafür! Welche Potenziale Projektarbeit in sich birgt, wird deutlich, wenn pädagogische Fachkräfte sich bei der Gestaltung an den Themen der Kinder orientieren.

Am Anfang der Projektarbeit stehen in einer kindorientierten Einrichtung immer die Fragen der Kinder, ihre aktuellen Neigungen und Interessen. Projekte bieten die Möglichkeit, dass sich die Gruppe oder Teile davon über einen längeren Zeitraum hinweg mit mehreren Personen und in verschiedenen Konstellationen intensiv mit einem Schlüsselthema auseinandersetzen. Mit **Schlüsselthemen** sind Lebenssituationen aus der Erfahrungswelt der Kinder gemeint, Themen, die in Beziehung zu deren Erlebnissen und Erfahrungen stehen. Zum Beispiel: Die Familie erhält Zuwachs, im Ort wird der einzige Spielplatz geschlossen, Kinder werden ausgegrenzt.

Planungsschritte in einem kindorientierten Projekt

Der Begriff **Projektarbeit** leitet sich vom lateinischen „proiectus" ab. Das bedeutet sinngemäß: etwas wird „in Gang gesetzt", „bewegt", „vorangebracht", sodass etwas Neues entstehen kann. Ein Projekt enthält darum gemeinsames Entdecken, Entwickeln und Begeistern. „Interesse entsteht nicht, weil in erwachsenen Köpfen eine Idee entstanden ist, die – wie mit einem Trichter – in kindliche Köpfe transportiert wird. Interesse entsteht durch das Leben an sich. Leben bedeutet erleben und erfahren – und das mit allen Sinnen" (Stamer-Brandt 2018, S. 12). Wie in dem Zitat beschrieben, werden Lernprozesse nicht von Ihnen als Fachkraft initiiert und dominiert, sondern von der Lerngemeinschaft im Prozess entwickelt. Hierbei kommen die Neigungen und Interessen der Kinder zum Ausdruck. Das nachstehende Beispiel illustriert, was damit gemeint ist.

Erster Planungsschritt „Erkunden – Situationen analysieren": Die Erzieher*innen Andrea und Benedikt beobachten im Frühjahr, dass viele Kita-Kinder unachtsam mit Büschen und Bäumen im Außengelände umgehen. Sie reißen Blätter und auch größere Äste ab. Am nächsten Tag rufen die Fachkräfte darum eine Kinderkonferenz ein und teilen der Gruppe ihre Beobachtungen mit. Die Diskussion eröffnen sie mit der Frage: „Wie kamt ihr auf die Idee?", „Für was benutzt ihr die Stöcke und Blätter?" Marius bemerkt: „Ich brauche die Stöcke zum Kämpfen." Valerie und Lasse sagen: „Wir decken unser Lager ab. Es soll nicht nass werden, wenn es regnet." Ngan meint: „Ich zerbreche die Stöcke zu Bauklötzen und baue schöne Sachen" etc. Andrea und Benedikt steigen nach dem Gespräch in die konkrete Situationsanalyse ein. Hierbei wird ihnen klar, dass den Kindern ein anregungsreiches Außengelände fehlt, wo sie aktiv werden und gestalten können. Durch das Einbeziehen der Perspektive der Kinder wurde deutlich, dass die Kinder Probleme mit genormten Spielplätzen haben. Sie benötigen transportable Materialien und echte Handwerksgeräte, mit denen sie aktiv werden können.

Am Anfang eines Projektes steht die Frage, welches Thema aufgegriffen wird. Was nehmen Sie bei den Kindern wahr? Womit beschäftigen sie sich im Moment? Welches Thema könnte darin stecken? Welche direkten Fragen stellen sie? Schauen Sie dabei auch auf das soziale Gefüge der Kinder und auf die Themen, die sie vielleicht aus ihren Familien oder ihrer Freizeit in die Kindertageseinrichtung mitbringen. Kindorientierte Projektplanung zeichnet sich dadurch aus, dass Fachkräfte mit den Kindern in den Dialog gehen. Ebenfalls können Sie Ihre Beobachtungen dafür nutzen, die Themen der Kinder herauszufinden. Wenn Sie mit den Kindern ein Projektthema gefunden haben, gehen Sie zum zweiten Planungsschritt über.

Zweiter Planungsschritt „Entscheiden – Ziele finden“: Die Fachkräfte Andrea und Benedikt entwickeln unter anderem das Ziel: „Wir unterstützen Kinder in ihrem Drang, aktiv tätig zu sein. Das Material im Außenbereich fordert die Kinder zum Experimentieren und Forschen heraus.“

Als pädagogische Fachkraft entwickeln Sie am Anfang eines Projekts konkrete Ziele für alle, die sich am Prozess beteiligen. Es geht nicht nur um Sachwissen, es geht um Kontextwissen, um Weltverständnis, Sammeln von Erfahrungen und um die Weiterentwicklung von Lernstrategien. Ihnen obliegt es, den Bildungsgehalt von Situationen herauszufiltern.

Um den Prozess im Blick zu haben und die Arbeit transparent zu gestalten, lohnt es sich außerdem, den Prozess kontinuierlich zu dokumentieren. „Sprechende Wände“ (Wanddokumentationen) eignen sich hierfür besonders gut. Diese können Sie analog in der Kita anbringen oder digital an die Familien versenden.

Dritter Planungsschritt „Handeln – Situationen gestalten“: Um zu gewährleisten, dass die Kinder Selbstwirksamkeit erleben und sich aktiv mit ihren Ideen einbringen, entwickeln Andrea und Benedikt eine Vorlage für eine Mindmap und gestalten diese mit den Kindern. Aus der Gruppe kommt unter anderem der Vorschlag, dass sie viele lose Bretter in unterschiedlichen Stärken und Breiten zum Bauen zur Verfügung haben möchten. Im gemeinsamen Austausch entwickeln die Kinder weitere Ideen: von der Entstehung mobiler Hütten bis hin zum Bau eines Baumhauses. Indem die Fachkräfte die Eltern einbeziehen, kann das Vorhaben mit vereinten Kräften umgesetzt werden. Nachdem die Kinder ihr Baumhaus gebaut haben, planen sie mit Andrea und Benedikt eine Außenwerkstatt mit viel beweglichem Material, wie Holzlatten und -brettern, Baumstämmen, Baumscheiben und echten Werkzeugen. Einige Eltern organisieren Spendengelder, damit das entsprechende Material angeschafft werden kann, da diese Ausgaben den Etat der Kita sprengen würden.

Beim dritten Planungsschritt können Sie Ihrer Fantasie freien Lauf lassen und aus Ihrem gesamten Repertoire zur Beteiligung von Kindern schöpfen. Gehen Sie mit ihnen ins Gespräch und fragen Sie, was sie zu dem Thema gern machen würden. Wichtig dabei ist, dass Sie den Kindern über geeignete Methoden Möglichkeiten zur Mitgestaltung bieten. Bei den Jüngsten eignen sich beispielsweise Abbildungen von unterschiedlichen Handlungsschritten, um sie ins Planen einzubinden. Für die Älteren bietet sich die Methode Mindmapping hervorragend an, wo Kinder mit Fotos, Icons oder sonstigen Bildern die Ideen zum Beispiel auf Plakaten sammeln und festhalten können.

Vierter Planungsschritt „Nachdenken – Erfahrungen auswerten“: Nach der Fertigstellung der Außenwerkstatt bemerken Andrea und Benedikt, dass die Kinder sich zunehmend anderen Themen und Fragestellungen zuwenden und sie das Bauen bereits ganz selbstverständlich in ihren Alltag integrieren, wenn sie es möchten. „Ich glaube, es ist nicht mehr so drängend, daran zu arbeiten“, bringt es Benedikt in der Teamsitzung auf den Punkt. Die zwei Fachkräfte werten nun mit allen Beteiligten schriftlich aus, was ihnen beim Projekt gut gelungen ist, was den Kindern besonders Freude gemacht hat – und was sie als schwierig erlebt haben. Beiden ist aufgefallen, dass die Mädchen und die Jungen sich während des Projektverlaufs des Öfteren in stereotype Geschlechterrollen begaben. Die Mädchen dekorierten zum Beispiel für das Richtfest die Hütte, die Jungen schleppten Tische für die Gäste herbei. Nach Beendigung des Projekts wollen die pädagogischen Fachkräfte beobachten, ob sich dieses Verhalten auch im Alltag zeigt.

Beim Nachdenken, dem vierten Planungsschritt, helfen die Fragen: Wie gestaltete sich der Prozess, wie konnten sich die Beteiligten und im Besonderen die Kinder mit ihren Ideen einbringen? Könnte es weitergehen und falls ja, wie?

Während des gesamten Prozesses haben Sie die Rolle als Forscher*in, Entdecker*in und Unterstützer*in. Andrea und Benedikt ließen sich mit den Kindern auf ein Experiment ein. Auch ihnen war zu Beginn des Projekts noch nicht klar, wie es sich entwickeln würde. Sie hatten beide kein Expert* innenwissen für Hüttenbau. Vielmehr unterstützten sie die Kinder darin, deren Planung umzusetzen, indem sie einen Vater einbezogen, der über einschlägige Fachkenntnisse verfügte.

Reflexion

Nachdenken über Kinderfragen

- Welche Themen beschäftigen die Kinder in Ihrer Kita/Bezugsgruppe im Moment?
- Welchen Fragen gehen die Kinder nach?

Kindorientierte Projektarbeit ist als offen gestalteter Prozess zu verstehen, bei dem Kinder und Erwachsene erleben, dass sie Situationen gestalten und verändern können. Es handelt sich um Situationen, bei denen die Beteiligten sich intensiv und partizipativ mit einem Thema auseinandersetzen, in ihren Bildungs- und Entwicklungsprozessen gestärkt werden und die so zur Lust am Lernen beitragen.

3.13 Angeleitete Aktivitäten

Kinder wollen ergriffen sein von dem, was sie tun. Denn „nur, was mich ergreift, kann ich begreifen" (Ulla Hahn in Fell 2014). Was bedeutet das für Sie, wenn Sie Kindern ein Angebot unterbreiten?

Ronja und Bente sitzen auf der Treppe des Eingangsbereichs der Kita. Beide Kinder beobachten einen Feuerkäfer. Bente: „Ich mag, wie der Käfer rot ist. Ich mag viel, was rot ist. Rot ist meine Lieblingsfarbe. Hast du auch eine Lieblingsfarbe?" Ronja: „Am meisten mag ich Blau, weil ich im Sommer mit Mama gern ins Schwimmbad gehe. Das macht voll Spaß und das Wasser war immer blau." Bente: „Guck mal, da kommt Steffi. Wollen wir zeigen, wie schön rot der Käfer ist?" Ronja: „Nee, lieber nicht, sonst machen wir wieder nur was mit Käfern. Lass uns mal zu Tugba ins Atelier gehen. Ich will gucken, was aus Rot und Blau wird."

Ronja und Bente haben wahrscheinlich schon einmal die Erfahrung gemacht, dass die Angebote in der Kindertageseinrichtung nicht immer ihren Interessen entsprechen. Die meisten Fachkräfte haben schon einmal erlebt, dass sie unbedingt etwas mit den Kindern ausprobieren wollten und dann feststellen mussten, dass diese sich gerade für andere Dinge interessieren. „Bildung ist ein aktiver, sinnlicher, sozialer und lustvoller Prozess" (Senatsverwaltung für Bildung, Jugend und Wissenschaft Berlin 2018, S. 14). Kinder lernen aus sich heraus. Sie wollen aus eigener Kraft etwas herausfinden und erfahren können. Freiraum für entdeckendes Lernen ist für Kinder wesentlich. Trotzdem können Kinder nicht immer aus ihren eigenen Ressourcen schöpfen. Ihnen fehlt die Erfahrung, die Erwachsene ihnen voraushaben.

Tugba beobachtet, dass einige Kinder sich seit ein paar Tagen wiederholt im Malen von Tieren üben. Aus ihrem Tun und ihren Unterhaltungen geht hervor, dass sie sich damit gern vertiefend beschäftigen möchten. Die Kindheitspädagogin schlägt den Kindern deshalb vor, mit ihnen eine Tier-mal-AG ins Leben zu rufen, und richtet gemeinsam mit den Kindern einen Atelier-Bereich ein. Dort legen sie Pinsel, Schwämme, Papier, Staffeleien und verschiedene Malfarben leicht erreichbar bereit. Auch das Tablet liegt in der Nähe. Während des Einrichtens interessieren sich weitere Kinder für die Materialien. Auch Ronja und Bente betrachten die Farbpaletten. Darum lädt Tugba alle Kinder ein, ins Atelier zu kommen und sich auszuprobieren. Ronja: „Ich will aber kein Tier malen. Ich will nur mal sehen, was Rot und Blau ist." Bente nickt. Die Fachkraft heißt die beiden willkommen und sagt, dass sie – und vielleicht auch die anderen Kinder – sich ebenfalls für die beiden Farben interessiert. Mit den Kindern bespricht sie dann, dass immer dienstags und mittwochs nach dem Morgenkreis die Tier-Mal-AG im neuen Atelier-Bereich stattfindet.

Kinder, die sich gerade sehr für Tier-Malerei interessieren, kommen dort voll auf ihre Kosten. Tugba zeigt auf dem Tablet verschiedene Tierdarstellungen aus Kunst und Malerei. Die Kinder können auch eigene Bilder von zu Hause mitbringen, zum Beispiel von ihren Haustieren oder aus ihren Büchern. Auf Ausflügen können die Kinder mit dem Tablet Fotos von Tieren machen, die ihnen unterwegs begegnen, wie Hunden, Enten, Eichhörnchen oder Vögeln. Während der gesamten Zeit steht der Atelier-Bereich außerdem stets allen Kindern offen und es können verschiedene Themen eingebracht werden.

Das Angebot hat Tugba einerseits strukturiert und andererseits flexibel geplant. Das klingt erst einmal widersprüchlich, ist aber Teil des Konzepts von Kindorientierung. Indem die pädagogische Fachkraft den örtlichen und zeitlichen Rahmen vorgibt, gibt sie dem Angebot Struktur. Gleichzeitig ist sie aber auch außerhalb der festen Zeiten offen für die Impulse der Kinder. Damit ist das Angebot flexibel genug für die unterschiedlichen Interessen und eröffnet die Möglichkeit, dass sich die verschiedenen Ideen und Erkenntnisse der Kinder gegenseitig ergänzen und bereichern.

In erster Linie bringen sich Fachkräfte mit ihrer Expertise und ihren Kompetenzen ein. Sie bieten Kindern an, aus ihrem Erfahrungsschatz zu schöpfen, sich von ihrer Begeisterung anstecken zu lassen. Im Optimalfall stellen sie so eine Inspirationsquelle dar, aus der Kinder mit viel Freude am Lernen bzw. Erkenntnis- und Kompetenzerwerb schöpfen können. Dabei darf und sollte die Fachkraft auch ihre eigene Persönlichkeit und Interessen einfließen lassen. Tanzt eine Erzieherin zum Beispiel in ihrer Freizeit Salsa und Ballett, kann sie die Kinder immer wieder an ihrem Können teilhaben lassen und sie etwa zum Tanznachmittag einladen. Einige Kinder werden sich sicher von ihrer Begeisterung anstecken lassen und sich zum Beispiel für Spitzenschuhe oder das klassische Tutu interessieren.

Dabei sollten Sie Grundlegendes beachten:

- Die Initiative für angeleitete Aktivitäten sollte sowohl von den Kindern als auch von den pädagogischen Fachkräften ausgehen. Es ist wichtig, dass eine Balance zwischen von Ihnen ausgewählten Angeboten und den Interessen und Ideen der Gruppe besteht.
- Kinder, die nicht wollen, müssen nicht an einem Angebot teilnehmen. Das kann Sie als pädagogische Fachkraft vor Herausforderungen stellen. Bevor Sie darauf reagieren, sollten Sie die Situation genau wahrnehmen: Lehnt das Kind ein Angebot ab, weil es vielleicht gerade selbst in einem spannenden Spielprozess steckt, oder fehlt ihm der Mut, eine Herausforderung anzunehmen? Entwickeln Sie dann mit dem Kind eine gemeinsame Perspektive. Finden Sie mit ihm im Dialog heraus, was es hindert, sich auf Ihr Angebot einzulassen. Auf diese Weise kommen Sie in einen Austausch und können gemeinsam eine kindorientierte Vorgehensweise finden.
- Behalten Sie den Prozess im Blick, um zu erkennen, wann die Herausforderung zur Überforderung werden könnte. Beobachten Sie, dass ein Kind Unmut zeigt, sein Tun beenden möchte oder den Ort verlässt, fragen Sie, ob und welche Unterstützung es von Ihnen benötigt.
- Zeigen Sie dem Kind Ihr Interesse, indem Sie es ermutigen und unterstützen, sein Tun fortzusetzen.
- Sie sollten das Angebot so strukturieren, dass es dem Kind Orientierung gibt und gleichzeitig seine Eigenaktivität nicht einschränkt. Stellen Sie ihm zum Beispiel ausreichend Material zur Verfügung. Wie es das Material einsetzt und welche Strategie es nutzt, um zum Ziel zu gelangen, bleibt dem Kind überlassen. Ist das Kind von seinem Tun ergriffen und erfüllt, sollten Sie es nach Möglichkeit nicht aus seiner Beschäftigung herausreißen.

Reflexion

Angebote auf dem Prüfstand

Denken Sie an die letzten Angebote zurück, die Sie mit den Kindern in Ihrer Einrichtung durchgeführt haben:

- Was lief gut? Wie konnten Sie die Begeisterung der Kinder wecken?
- Ist Ihnen die Balance zwischen Freiheit und Struktur gelungen?
- Wo sehen Sie Verbesserungspotenzial?

Angebote, die die Entwicklungs- und Bildungsprozesse der Kinder fördern, basieren auf Freiwilligkeit und orientieren sich an aktuellen Themen und Fähigkeiten der Kinder. Nur wenn die Kinder sich für das interessieren, was sie tun, und dabei Neugier und Freude empfinden, engagieren sie sich auch für etwas. Und Engagiertheit lässt Bildungsprozesse gelingen. Begeistert zu sein, ist die beste Voraussetzung, um etwas zu lernen und zu begreifen.

K3: Und ich habe dort immer Wasser geholt, weil wir ein Experiment gemacht haben.

K1: Weil wir haben ganz viel Schleim in Samuels reingemacht und dann haben wir ganz viel Wasser und dann ist es irgendwann ist es so geworden und dann wurde es richtig alt. Dann wurde es nicht mehr so schleimig, sondern ganz, dann wurde es eigentlich nur die Farbe so, mehr so wie das da, so ganz weiß, aber es wurde immer noch fest.

E: War immer noch fest?

K2: Es war, es war immer noch genau die gleiche Farbe wie das Wasser.

K3: Es war die ganze Zeit fest.

K2: Und dann war es Wasser irgendwann.

E: Und dann war es Wasser, flüssig?

K2: Ja, flüssig und nur so Schleim, und das war Kartoffelstärke, die man mit Wasser gemischt hat.

E: Und macht das Spaß mit diesen Experimenten?

K2: Richtig doll.

E: Warum macht es Spaß?

K2: Weil es Spaß macht.

K3: Macht voll Spaß einfach so, alles dort reinzukippen, so voll reinzuboxen, das macht voll Spaß!

E: Und wisst ihr, warum ihr die Experimente macht?

K3: Nein.

3.14 Eingewöhnung

Die Aufnahme in eine Kindertageseinrichtung oder Krippe ist meist der erste und damit ein sehr wichtiger Übergang im Leben eines Kindes. Der Übergang von der Familie in die Fremdbetreuung bedeutet nicht nur für das Kind, sondern auch für seine Eltern eine große Herausforderung. Die individuell auf das Kind und seine Familie ausgerichtete Eingewöhnung sollte deshalb spezielle Berücksichtigung in der Planung und Gestaltung des pädagogischen Alltags finden. Gelingt das, legen die Fachkräfte damit die Basis für ein vertrauensvolles Verhältnis zwischen ihnen und dem Kind sowie seiner Familie – und für eine positive sozial-emotionale Entwicklung des Kindes. Denn „eine gelungene Eingewöhnung ist die Basis für eine erfolgreiche Lebensbewältigung“ (Pfreundner 2021).

Aber wie läuft eine Eingewöhnung kindorientiert ab und was ist dabei zu beachten? Ob in der Krippe, im Kindergarten oder Hort: Sie stellt immer eine Premiere dar und ist somit eine Schlüsselsituation für das Kind und dessen Familie. Dementsprechend bedarf es einer guten Vorbereitung und einer sensiblen und behutsamen Begleitung. Besonders bei Kindern von etwa 1 Jahr ist es oft das erste Mal, dass sie ihre vertraute Umgebung verlassen. Mit dem Eintritt in die turbulente Kita-Welt stehen sie darum vor einer herausfordernden Entwicklungsaufgabe. Die Erfahrungen, die das Kind bei seiner ersten Eingewöhnung erwirbt, überträgt es wie eine Art Modell auf alle weiteren Eingewöhnungen.

Ein erster Schritt zum Kennenlernen kann eine Einladung in die Einrichtung sein oder ein Hausbesuch bei der Familie. Letzterer hat den Vorteil, dass das Kind die ihm fremde Person in seiner vertrauten Umgebung kennenlernen kann. So kann es bestimmen, wie weit es sich der pädagogischen Fachkraft gegenüber öffnet. Indem die Eltern zudem Ihr Engagement wahrnehmen können, wissen sie ihr Kind in der Kita in sicheren Händen.

Dafür, wie das Eingewöhnungsmodell im zweiten Schritt genau ausgestaltet wird, gibt es etablierte Eingewöhnungsmodelle wie das Berliner oder das Münchner Eingewöhnungsmodell, an denen Sie sich orientieren können. Leitend sollte für Fachkräfte jedoch immer sein, dass das Kind und seine Familie sich in der Kindertageseinrichtung wohlfühlen und Vertrauen aufbauen können. Die Familie sollte in jedem Fall in den Prozess eingebunden werden. Viele bevorzugen es sogar, in der Eingewöhnung aktiv in den Alltag einbezogen zu sein. Dies hat den Vorteil, dass sie einen intensiveren Einblick in die pädagogische Arbeit erhalten. So kann beispielsweise während des Frühstücks in der Einrichtung eine Elternperson mit am Tisch sitzen, um sein Kind, wenn es Hilfe möchte, bei der Essenssituation zu unterstützen. Das gibt dem Eingewöhnungskind die Sicherheit, die es benötigt, um Ihnen als weiterer Bezugsperson zu vertrauen und Sie als eine sichere Basis in der Einrichtung wahrzunehmen. Nach einiger Zeit können Sie auch andere Kinder mit einbinden, damit das Kind Begegnungen und Beziehungen auf Augenhöhe erfährt und aufbauen kann.

Die Eingewöhnung ist dann abgeschlossen, wenn das Kind zu Ihnen Vertrauen aufgebaut hat, sich in herausfordernden Situationen auf Sie verlässt und Freude am Leben in der Kita hat. Auch für die Familien ist diese Zeit besonders wichtig, damit sie ihr Kind in verlässlichen Händen wissen und die pädagogischen Fachkräfte als kompetente Ansprechpartner*innen für ihr Kind wahrnehmen.

Die 1-jährige Mackenzie wird demnächst in die Krippe aufgenommen. Beim Erstgespräch merken die Eltern an, dass sie nach der Eingewöhnung einen Ganztagsplatz belegen wird. Ihnen bereitet Sorge, dass Mackenzie bisher nur in den Schlaf finden kann, wenn sie im Auto umhergefahren wird. Sie sehen keine Lösung und sind verzweifelt. Die beiden Fachkräfte Sandra und Katrin zeigen Verständnis für die schwierige Situation und sagen den Eltern zu, dass sie die Eingewöhnung wie besprochen beginnen und durchführen. Wenn Mackenzie genügend Sicherheit im Krippenalltag gefunden hat und auch den Schlafraum und die Abläufe kennt, werden sie alle gemeinsam die konkrete Schlafsituation planen. Schließlich verabreden sie, dass Mackenzies Vater zunächst seine Tochter beim Schlafen begleitet und die gesamte Zeit anwesend ist. Nach drei Wochen stellte sich der erste Erfolg ein. Mackenzie schläft in Anwesenheit ihres Vaters ein. Nach und nach zieht er sich zurück und die pädagogischen Fachkräfte werden aktiver. Schließlich kann sich der Vater ohne Probleme von Mackenzie verabschieden und Andrea oder Katrin übernehmen die Schlafbegleitung. Während des gesamten Prozesses befinden sich alle Beteiligten im ständigen Austausch. Dazu zählen auch das restliche Krippenteam und der Elternbeirat.

Die Situationen im Krippenalltag wie Wickeln, Schlafen, Essen, Trösten etc. bergen eine besondere Herausforderung für alle Beteiligten. Darum empfiehlt es sich, sie mit den Eltern und dem Kind gemeinsam zu planen und zu gestalten. Dass die Eingewöhnung im obigen Beispiel so gut gelingen konnte, liegt unter anderem daran, dass die pädagogischen Fachkräfte den Eltern Wertschätzung und Vertrauen entgegenbrachten und die Herausforderung „Mittagsschlaf“ gemeinsam bearbeiteten. Durch eine beständige Kommunikation und ausreichend Zeit konnten das Mädchen und seine Eltern Vertrauen aufbauen.

Familien willkommen heißen

Reflexion

Denken Sie an eine Ihrer letzten Eingewöhnungen zurück:

- Was hat gut funktioniert, was hat sich bewährt?
- Welche herausfordernden Momente gab es und wie haben Sie diese gelöst? Wie würden Sie diese beim nächsten Mal lösen?

Wie lange der Prozess der Eingewöhnung dauert, hängt immer vom jeweiligen Kind ab. Während der Eingewöhnungszeit benötigt das Kind ausreichend Gelegenheit, sich mit der neuen Umgebung, den dazugehörigen Personen in der Kindertageseinrichtung und den Abläufen vertraut zu machen. Fachkräfte sollten also behutsam vorgehen, um Kind und Eltern nicht zu überfordern. Die einzelnen Etappen der Übergangsgestaltung werden Schritt für Schritt durchgeführt und auf die Bedürfnisse des Kindes und dessen Familie abgestimmt. Der Kontext, aus dem die Familie kommt, und ihre Kompetenzen bilden den Mittelpunkt der Eingewöhnung.

4.

Rück- und Ausblick – den Samen weitertragen

In diesem Kapitel erfahren Sie

- **zusammenfassend noch einmal was Kindorientierung ausmacht**
- **was viele noch davon abhält, Kindorientierung konsequent im Kita-Alltag oder zu Hause umzusetzen**
- **wie Sie Ihre eigene Haltung ändern oder andere dabei unterstützen können, um den Samen einer kindorientierten Pädagogik weiterzutragen**

4.1 Was macht Kindorientierung aus?

Erinnern Sie sich noch an die Pflanze mit dem Namen „kindorientierte Pädagogik" und Ihre Rolle als Gärtner*in? Zum Schluss wollen wir den ganzen Wachstumsprozess noch einmal Revue passieren lassen. Außerdem bekommen Sie abschließend Reflexionsfragen, mit denen Sie Ihre Auseinandersetzung mit und Ihre Erkenntnisse zur Kindorientierung reflektieren können. Hoffentlich kommen Sie so ein gutes Stück auf Ihrem Weg weiter!

Eines ist dabei klar: Sie können Kindorientierung in Ihrer Kita nicht allein umsetzen. Zum Glück müssen Sie das aber auch gar nicht. Denn Sie sind nicht allein. Neben dem Träger und der Fachberatung spielt vor allem Ihr Team eine wichtige Rolle. Letzteres ist ein starker Partner, um die Kindorientierung zu feiern und daran zu arbeiten. Sie können zusammen ausprobieren und reflektieren und einen eigenen – einzigartigen – Weg in Ihrer Kindertageseinrichtung entwickeln. Gemeinsam mit den Familien und anderen Kooperationsstellen nehmen Sie dabei nicht nur die ganze Lebenswelt der Kinder in den Blick und können herausfinden, was die Kinder beschäftigt. Sie können auch Impulse ermöglichen, die aus der Kita hinausführen, wie zum Beispiel Besuche in der Bibliothek, bei der Feuerwehr usw.

Machen Sie sich gemeinsam auf den Weg – gemeinsam als Team und mit den Kindern. Der Weg ist gleichzeitig das Ziel. Statt nach dem einen, einzig richtigen Pfad zu suchen, sollten Sie sich zusammen Prozesse und Zusammenhänge bewusst machen, reflektieren und diskutieren, kleine oder große Pläne schmieden, gemeinsam bewerten: „Was läuft gut, was wollen wir zukünftig anders machen, um die Kinder stärker in den Fokus zu nehmen?" Und vergessen Sie nie Ihre wichtigsten Verbündeten: die Kinder.

In die Auseinandersetzung mit Kindorientierung sind Sie in diesem Buch gestartet, indem Sie sich das Bild vom Kind vergegenwärtigt haben: Eine Voraussetzung für die Kindorientierung besteht darin, anzuerkennen, dass jedes Kind einzigartig ist und sich seinen eigenen Weg in der Welt sucht. Dabei sind Kinder bereits von Anfang an kompetent, sie stellen sich ihre eigenen Fragen, verarbeiten Inhalte und Erfahrungen auf je eigene Weise und sind in der Lage, Entscheidungen für sich zu treffen. Kinder sind auch von Anfang an sozial. Sie suchen Kontakt zu anderen, lernen mit und von anderen und brauchen Feedback, um sich zu entwickeln. Kindorientierte Pädagogik macht sich auf die Spur, herauszufinden, was die Einzigartigkeit eines Kindes ausmacht.

Pädagog*innen unterstützen die Kinder auf ihrem Weg. Zuerst indem sie immer wieder genau hinsehen, nachfragen und reflektieren, welche Fragen sich die Kinder im Moment stellen und an welchen Themen sie gerade arbeiten. Die Erwachsenen begleiten die Kinder dabei, indem sie mitmachen, eigene Fragen einbringen oder auch Impulse geben – je nachdem, was sie wahrnehmen, was das Kind auf seinem Weg braucht.

Um dieser Rolle gerecht zu werden, setzen sich Fachkräfte in der kindorientierten Arbeit immer wieder intensiv mit ihrer eigenen Rolle als Begleiter*innen auseinander, insbesondere in Bezug darauf, wie sie ihre Macht einsetzen. Denn kindorientierte Pädagogik lässt den Kindern viel Raum für eigene Entscheidungen und die Entwicklung und Aushandlung neuer, eigener, passgenauer Lösungen für Situationen, wie zum Beispiel die Gestaltung des Morgenkreises, das Planen eines Ausflugs oder die Gestaltung der Wickelsituation. Dies gelingt nur, wenn pädagogische Fachkräfte bereit sind, etwas von ihrer Macht an die Kinder abzugeben und damit Spielräume zu eröffnen.

Reflexion

Kindorientierung weiterdenken

- Hat sich Ihre Sicht auf das Bild vom Kind nach dem Lesen des Buches oder im Laufe der Jahre verändert? Wenn ja, wie?

Mit Blick auf Ihre Rolle als pädagogische Fachkraft:

- Fühlen Sie sich wohl in der Rolle als (Lern-)Begleitung?
- Welche Erkenntnisse können Sie daraus in Bezug auf Ihre Macht in der Kita mitnehmen?

Mit Blick auf die Zusammenarbeit:

- Haben Sie das Gefühl, Sie ziehen im Kita-Team und mit kooperierenden Menschen und Institutionen an einem Strang?
- Wo funktioniert die Zusammenarbeit noch nicht und wie können Sie darauf Einfluss nehmen?

Vergegenwärtigen Sie sich auch noch einmal die sieben Prinzipien der kindorientierten Pädagogik aus Kapitel 2. Denn sie sind der Dünger, welcher die Wurzeln stärkt und die Pflanze wachsen lässt. Mit dieser Haltung können Fachkräfte in ihrem Alltagserleben die Kinder wahrnehmen und auf ihre Bedürfnisse reagieren. Sie lassen sich auf die Kinder ein, nehmen sie in ihrer Vielfältigkeit wahr und entwickeln mit ihnen Handlungen und Impulse. So machen sie Partizipation und Inklusion erfahrbar und knüpfen dabei an das an, was für die Kinder relevant und bedeutsam ist. Ein wichtiger Beitrag einer gelebten Kindorientierung besteht darin, die kindliche Autonomie so stark wie möglich zu wahren und ihre Agency und Selbstbestimmung anzuerkennen. Konkret können Sie dazu die sensitive Responsivität als Herangehensweise nutzen. Ebenso gehört zur Kindorientierung, immer auch in den direkten Dialog mit den Kindern zu gehen, um ihre Perspektiven einzuholen und sie in der pädagogischen Arbeit zu berücksichtigen. Nicht zuletzt geben die Familien und Lebenswirklichkeiten der Kinder eine wichtige Orientierung, um zu erforschen, was im Leben der Kinder wichtig ist.

Um ein intuitives Handeln in ein reflektiertes und bewusstes pädagogisches Handeln zu überführen, ist die Auseinandersetzung mit theoretischen Grundlagen von großer Bedeutung. Auf dieser Grundlage können Sie selbst entwickeln, wie Sie in Ihrer Kindertageseinrichtung, mit Ihren Kolleg*innen, den Familien und den Kindern kindorientiert arbeiten möchten.

4.2 Wie können Fachkräfte Kindorientierung im Alltag umsetzen?

Erst haben wir den Boden gelockert, dann den Dünger für die Wurzeln hinzugefügt. Nun geht es um die Pflanze selbst – um Kindorientierung in Alltagssituationen. Wie wir in Kapitel 3 beschrieben haben, zeigt sich eine kindorientierte Haltung in vielen kleinen Situationen, in ritualisierten Abläufen und auch in didaktisch aufbereiteten Situationen. Sicher haben Sie sich mit einigen dieser Situationen bereits näher auseinandergesetzt und überlegt, wie Sie die Bedürfnisse, Themen und Interessen der Kinder in ausreichendem Maß berücksichtigen können.

Sie haben sich mit vielen Situationen befasst und so einen Überblick und Einblick erhalten, wie Sie in Ihrem oft stressigen Alltag trotzdem an den Kindern orientierte Impulse setzen können. Insbesondere scheinbar unwichtige oder kurze Routinesituationen wie das Ankommen und Verabschieden, Mahlzeiten, Ruhen und Schlafen oder Pflegesituationen sind relevant, wenn es um kindorientierte Pädagogik geht. Hier können Fachkräfte immer wieder entscheiden, ob und wie sie den einzelnen Kindern und ihren Bedürfnissen Raum geben. Lassen sie sich auf die Kinder ein, machen sie die Grundprinzipien der Kindorientierung lebendig und schaffen ein Klima, in dem sich die Kinder optimal entwickeln können.

Auch in anderen Situationen wie der Projektarbeit, der Begleitung beim Spiel, in pädagogischen Aktivitäten oder bei der Bearbeitung von Konflikten macht die Kindorientierung einen Unterschied. Indem Fachkräfte nah an den Bedürfnissen, Fragen und Themen der Kinder sind und diese beständig in den Prozess einbeziehen, fördern sie Selbstwirksamkeit, sozial-emotionale Kompetenzen und einen vielfältigen Lernprozess.

Haben Sie Lust bekommen, den Tagesablauf in Ihrer Einrichtung mit Ihren Kolleg*innen unter die Lupe zu nehmen und die kleinen und großen Situationen auf Kindorientierung zu überprüfen? Sehen Sie noch einmal die Reflexionsfragen im Buch an und lassen Sie sich von den Praxisbeispielen inspirieren. Aber: Schauen Sie auch auf sich und vor allem die Rahmenbedingungen in Ihrer Einrichtung. Finden Sie gemeinsam mit den Kindern Ihren eigenen Weg. Seien Sie offen für das, was die Kinder mitbringen, hören Sie zu und berücksichtigen

Sie ihre Perspektiven. Dann wird es Ihnen gelingen, sie als eigenständige Persönlichkeiten in ihrer Entwicklung zu unterstützen.

Auch wenn es Ihnen im Alltag mal nicht gelingen sollte, ihren eigenen Ansprüchen an eine kindorientierte Pädagogik gerecht zu werden: Bleiben Sie gelassen. Wenn Sie merken, dass es Ihnen gerade schwerfällt, auf die Kinder einzugehen, versuchen Sie herauszufinden, woran das liegt. Machen Sie eine kurze Pause, atmen Sie tief durch. Mitunter braucht es auch eine kollegiale Beratung im Team, um die Knackpunkte festzustellen. Durch den Kreislauf planen – handeln – reflektieren stellen Sie sicher, dass Sie sich an Ihrem eigenen Handeln weiterentwickeln. Und wenn alles nichts hilft: Fragen Sie die Kinder – die haben sicher gute Ideen, wie Sie sich kurz entspannen oder wie Sie als Kita-Team im Alltag besser auf sie eingehen können.

Reflexion

Veränderungen anstoßen

- In welchen Situationen stellen Sie sich eine kindorientierte Gestaltung einfach vor?
- In welchen sehen Sie (noch) Schwierigkeiten? Was braucht es, um diese Schwierigkeiten Schritt für Schritt zu lösen?
- Welche Situation würden Sie gern kindorientiert(er) gestalten?

Wenn Sie sich Ihren Kita-Alltag ansehen:

- Wo auf einer Skala von 1 bis 10 stehen Sie in Bezug auf kindorientierte Pädagogik?
- Wann erleben die Kinder, dass Sie Ihnen zutrauen, selbsttätig zu sein, selbst zu entscheiden, Dinge auszuhandeln? Wann eher nicht?

Wir freuen uns, dass wir Sie bei Ihrer Reise durch den Garten der Kindorientierung begleiten konnten. Kindern vieles zuzutrauen und mit ihnen das Leben in der Kita zu gestalten, ist eine anspruchsvolle und schöne Aufgabe. Hoffentlich sind Ihnen viele weitere Handlungsmöglichkeiten und Ideen gekommen, Ihr Leben mit den Kindern anregend, fröhlich, gemeinschaftlich und ernsthaft zu gestalten!

4.3 Warum Kindorientierung selbstverständlich sein sollte, es aber (noch) nicht ist

Immer wieder, wenn wir Menschen von diesem Buchprojekt berichtet haben, wurden wir gefragt, warum wir uns überhaupt mit so einem Thema beschäftigen: „Sollte das nicht selbstverständlich sein, dass Kindertageseinrichtungen sich an Kindern orientieren?"

Stimmt, eigentlich sollte das so sein – besonders wenn Sie sich die Arbeiten von Friedrich Fröbel oder Johann Heinrich Pestalozzi ansehen, die maßgeblich die institutionalisierte

Betreuung von Kindern mit einem Sinn versehen und das Kind in seiner Entwicklung in den Mittelpunkt rücken. Viele weitere reformpädagogische Ansätze in deutschen Kindertageseinrichtungen haben intensiv beschrieben, wie die Arbeit mit den Kindern an ihren Themen gestaltet werden kann, wie pädagogische Fachkräfte die kindliche Autonomie, Solidarität und Kompetenzen (vgl. Zimmer 2006) unterstützen, anregen und vertiefen können. Auch dort steht das Kind im Mittelpunkt. So wie wir es im Buch weiterdenken, geht es darum, mit den Kindern herauszufinden, was sie bewegt, was sie lernen und wie sie miteinander umgehen wollen – und genau daran die pädagogische Arbeit anzuknüpfen. Sich an den Kindern zu orientieren, wenn Sie den Alltag und Aktivitäten in der Kita planen. Über die Kinder nachzudenken und mit ihnen darüber zu sprechen, was ihnen wichtig ist und wie sie etwas machen wollen. Aber auch die Lebenswirklichkeiten der Kinder zu erkunden und ernst zu nehmen, denn in diesen machen die Kinder viele für sie bedeutsame Erfahrungen, die sie prägen. Zusammengefasst: mit jedem Kind in eine feinfühlige Beziehung zu gehen und im Dialog zu entwickeln, wie sie miteinander leben, lernen und arbeiten können.

Das allerdings scheint in der Praxis sehr viel schwieriger umzusetzen zu sein als in theoretischen Konzepten. Viele Pädagog*innen stimmen den Prinzipien der Kindorientierung grundsätzlich zu. Gleichzeitig klagen sie darüber, dass es ihnen im Alltag nicht gelingt, alle Kinder ausreichend im Blick zu haben. Sie beschreiben, dass sie so viele andere Aufgaben erledigen müssen und getrieben sind von Rahmenbedingungen, Vorgaben oder davon, bestimmte Abläufe einzuhalten, dass sie die Kinder nicht mehr gut wahrnehmen, sich nicht auf sie einlassen können und den Kita-Tag nicht gemeinsam mit ihnen erleben können.

Mit Blick auf das System der Kindertageseinrichtungen sind an die wissenschaftlichen Empfehlungen angepasste Fachkraft-Kind-Schlüssel, bezahlte Zeit für die Vor- und Nachbereitung, Abbau von Bürokratie, Supervision und (Fach-)Beratung wichtige Stellschrauben, um eine kindorientierte Praxis zu befördern. Auf der individuellen Ebene können hinter einer Ablehnung der kindorientierten Arbeit unserer Erfahrung nach verschiedene Glaubenssätze stecken, die wir Ihnen im Folgenden vorstellen möchten.

„Kinder sollen folgen“

Obwohl schon seit langer Zeit Pädagog*innen Kinder in den Mittelpunkt stellen und Ansätze entwickeln und beschreiben, die daran anknüpfen, gibt es nach wie vor Menschen, die eine andere Haltung Kindern gegenüber haben. Menschen, die finden, dass Kinder gehorchen müssen, sich anpassen sollen und nicht selbst wissen können, was sie eigentlich brauchen.

Im Zentrum dieser Haltung steht, dass Erwachsene wissen und gestalten, was die Kinder machen sollen, dass es in der Kita darum geht, eine Gruppe zu steuern und gerade nicht einzelne Bedürfnisse zu berücksichtigen. Das rückt unserer Meinung nach die Erwachsenen in den Mittelpunkt, denn sie sind dabei die Mächtigen, die Lern- und Entwicklungsnormen setzen, die die Kinder erreichen müssen. Schaffen Kinder das nicht, wird ihnen die alleinige Verantwortung dafür aufgebürdet, sie werden ausgegrenzt oder scharf zurechtgewiesen und beschämt.

„Mir hat es auch nicht geschadet“

Viele Erwachsene, die heute in Kindertageseinrichtungen arbeiten oder Eltern sind, haben selbst als Kind nicht die Erfahrung gemacht, ernst genommen zu werden. Im Gegenteil: Sie erlebten sowohl in der Familie als auch in den Bildungsinstitutionen Unterdrückung und Ausgrenzung. Sie konnten oft nicht darüber mitentscheiden, was im Alltag passiert, was, wann und wie gelernt wird und wie Erwachsene und Kinder miteinander umgehen. Wenn diese Menschen nun in der Ausbildung, in Fortbildungen oder beim Lesen dieses Buches erfahren, dass wir heute anderes Wissen für eine gute Pädagogik haben um Kinder optimal beim Aufwachsen zu unterstützen, fordert es sie heraus, ihr eigenes Aufwachsen infrage zu stellen. Sie müssten sich eingestehen, dass ihnen etwas versagt wurde, dass sie nicht optimal aufwachsen konnten und vielleicht auch seelische Narben davongetragen haben. Sie müssten sich damit beschäftigen und überlegen, was das für ihre Entwicklung und ihr heutiges Ich bedeutet. Sie müssten Menschen, die sie lieben, kritisieren und neue Handlungsweisen bewusst lernen. Das alles ist schwer – und schmerzhaft. Deshalb fällt es Menschen oft leichter zu sagen: „Ich mach es so, wie ich es als Kind erlebt habe. Hat mir ja auch nicht geschadet!“

„Ich will es genau anders machen!“

Wenn wir merken, dass wir in alten Erziehungsmustern unserer Kindheit festhängen, können wir aber auch zu einem anderen Schluss kommen. Wir können entscheiden, dass es uns nicht in jeder Hinsicht gut ergangen ist - und wir können daraus lernen. Wir können sagen: "Ich will es anders, besser machen!".

Da in der Kindheit erlerntes Verhalten häufig automatisch wiederholt wird, insbesondere in Stresssituationen, müssen wir völlig neue Handlungsmuster kennenlernen, verstehen und anwenden. Und zwar so oft, dass das alte überschrieben wird und die neuen Verhaltensweisen zur Normalität werden. Das ist ein langer Prozess mit viel Reflexion und Ausprobieren, der in der Regel Unterstützung von mehreren Seiten braucht, wie dem Kita-Team oder dem Freundeskreis. Auch therapeutische Fachkräfte können uns dabei unterstützen, die Narben unserer Vergangenheit zu verstehen und aufzuarbeiten.

Für viele Menschen bleibt es auch schwierig, diesen Weg einzuschlagen, weil sie es selbst nicht erlebt haben, dass ihr Umfeld ihre eigenen Bedürfnisse achtet oder die eigenen Lernwege unterstützt. Sie müssen darum für sich selbst immer wieder neu bearbeiten: „Was will ich selbst eigentlich?“, „Was kann ich gut? Was möchte ich können?“ und „Wie will ich Beziehungen gestalten?“ Autonom und solidarisch zu handeln ist leichter, wenn es von Kindheitsbeinen an geübt wurde. Wir sind überzeugt, dass der Wandel zu mehr Kindorientierung nur gelingen kann, wenn sich pädagogische Fachkräfte trauen, ihre eigenen Erfahrungen zu verlernen. Wenn sie neue konstruktive und kindorientierte Verhaltensweisen für sich entwickeln, die zu ihnen selbst passen und die auch dabei helfen, sich selbst ernst zu nehmen und als Dialogpartner*in Position zu beziehen. Gerade weil dieser Prozess nicht einfach ist, haben wir den größten Respekt vor allen, die sich auf den Weg gemacht haben!

„Ich kann bei den aktuellen Rahmenbedingungen ja doch nichts ändern!"

Manche Fachkräfte haben nach Jahren der Anstrengung, voll von Stress, Frust und mangelnder Wertschätzung aufgegeben. Sie erleben Tag für Tag, dass die Rahmenbedingungen, das Team, die Leitung, die Hauswirtschaftskraft, der Träger, die Eltern, die Politik, die Fachberatung oder andere Akteur*innen so viele Anforderungen an sie stellen, dass der Blick nicht mehr auf den Kindern liegen kann. Aber muss das wirklich so sein?

Äußere Faktoren und Vorgaben werden häufig als notwendiges Übel erlebt, das keinen Spaß macht, das alle Aufmerksamkeit und Kraft fordert – und das wichtiger zu sein scheint als alles andere. Das trifft zum Beispiel auf den Küchenwagen zu, der zu einer bestimmten Zeit in der Küche sein muss, weil sonst die Köchin schimpft, dass sie länger als 14 Uhr arbeiten muss. Oder auf den Hygieneplan, der vom Träger unbedingt ausgefüllt werden muss, weil die Betriebserlaubnis daran hängt. Oder es betrifft das Saubermachen im Flur, nachdem die Kollegin sich beschwert hat, dass ihre Hausschuhe schmutzig werden, wenn man den Kindern nicht direkt hinterherwischt. Es gibt Tausende Beispiele für Anforderungen von außen, die natürlich verstärkt werden von innen. Denn wir sind oft nicht darin geübt, zu widersprechen, eigensinnig andere Wege zu gehen, Dinge zu verschieben, Gewohntes infrage zu stellen, Position zu beziehen für Kinder oder Regeln neu auszuhandeln.

Ein fruchtbarer Ansatz, um aus dieser Haltung herauszukommen, besteht darin, sich den Widerspruch aktiv vorzunehmen und zunächst in einzelnen kleinen Situationen anders zu handeln als gewohnt. Also: den Küchenwagen 3 Minuten später in die Küche zu bringen, um noch kurz mit einem Kind sprechen zu können. Mit den Kolleg*innen darüber zu reden, wie Ordnung und Sauberkeit in der Kita gelebt werden kann, wenn die Belange von Kindern im Mittelpunkt stehen. Die Kinder zu fragen, ob sie Sie unterstützen können, wenn so viel aufzuräumen ist. Sich jeden Tag Zeit zu nehmen für eine Beobachtung (und das Aufschreiben dieser) und bewusst an jedem Tag mit einem Kind einen anregenden Dialog zu führen …

Sie werden es nicht schaffen, allen gleichzeitig Ihre Aufmerksamkeit zukommen zu lassen. Aber das müssen Sie zum Glück auch nicht. Gestehen Sie sich zu, dass Sie manche Kinder genauer in den Blick nehmen, und vertrauen Sie darauf, dass es die sind, die es am meisten brauchen. Fordern Sie dabei von sich nicht, von heute auf morgen zur perfekten pädagogischen Fachkraft in einer perfekten Kindertageseinrichtung zu werden. Formulieren Sie Teilziele und gehen Sie Schritt für Schritt vor. Machen Sie sich dabei klar, was Sie schaffen können und was Sie schon geschafft haben. Lassen Sie sich auf den Prozess ein und reflektieren Sie immer wieder – auch anhand der Impulsfragen und Beispiele in diesem Buch –, was daraus wird oder werden kann. So trägt jede*r dazu bei, dass die Pflanze der Kindorientierung trotz schwieriger Rahmenbedingungen stetig wächst und gedeiht.

Literatur

Bicherl, K. & Ries-Schemainda. G. (2017): Projektarbeit in Krippe und Kita. Anleitungen, Themenvorschläge, Materialien – nach dem Situationsansatz. Augsburg: Auer Verlag.

Bicherl, K. & Ries-Schemainda, G. (2018): Situationsansatz. Pädagogische Ansätze für die Kita. Berlin: Cornelsen.

BMFSFJ (2020): 16. Kinder- und Jugendbericht. Förderung demokratischer Bildung im Kindes- und Jugendalter. Berlin.

BZgA (2021): Neugier und Erkundungsdrang – „Motor" der kindlichen Entwicklung. https://www.kindergesundheit-info.de/themen/entwicklung/entwicklungsschritte/entwicklungsgrundlagen/erkundungsdrang (Zugriff am 25.2.2023).

Cantzler, A. (2008): Dossier Kinder unter Drei: Essen mit Genuss. kindergarten heute, 38(9), 45–47.

Csikszentmihalyi, M. (2017): Flow. Das Geheimnis des Glücks. Stuttgart: Klett-Cotta.

Fack, M., Jäckel, J. & Ott, M. (2018): Auf Augenhöhe – Wertebildung in der Jugendarbeit mit jungen Geflüchteten. Ein Praxisheft. https://www.bertelsmann-stiftung.de/de/publikationen/publikation/did/auf-augenhoehe-wertebildung-in-der-jugendarbeit-mit-jungen-gefluechteten (Zugriff am 25.2.2023).

Fell, H. (2014): Bildung. Themenkarten für Teamarbeit, Elternabende und Seminar. München: Don Bosco.

Fthenakis, W. E. (Hrsg.) & Wustmann Seiler, C. (2004): Resilienz. Widerstandsfähigkeit von Kindern in Tageseinrichtungen fördern (8. Auflage). Mülheim: Cornelsen.

Galland, B. C., Taylor, B. J., Elder, D. E. & Herbison, P. (2012): Normal sleep patterns in infants and children: A systematic review of observational studies. Sleep Medicine Reviews, 16(3), 213–222. https://doi.org/10.1016/j.smrv.2011.06.001 (Zugriff am 25.2.2023).

Grossmann, K. E. (2000): Bindungsforschung im deutschsprachigen Raum und der Stand bindungstheoretischen Denkens. Psychologie in Erziehung und Unterricht, 47(3), 221–237.

Grün, A. (2014): Ein Jahr voller Glück. Gute Gedanken für jeden Tag (2. Auflage). Münsterschwarzach: Vier-Türme-Verlag.

Gutknecht, D. (2013): Kleiner Wechsel, große Wirkung. Übergänge im Krippenalltag sensibel gestalten. Entdeckungskiste, 1, 34–35.

Gutknecht, D. (2015): Bildung in der Kinderkrippe: Wege zur Professionellen Responsivität (3. Auflage). Stuttgart: W. Kohlhammer.

Gutknecht, D. & Kramer, M. (2018): Mikrotransitionen in der Kinderkrippe. Übergänge im Tagesablauf achtsam gestalten. Freiburg: Verlag Herder.

Hansen, R., Knauer, R., Sturzenhecker, B. & Negt, O. (2011): Partizipation in Kindertageseinrichtungen. So gelingt Demokratiebildung mit Kindern! Weimar, Berlin: verlag das netz.

Haug-Schnabel, G. (2011): Die Sauberkeitsentwicklung unter dem Aspekt des Erlangens von Autonomie und Kontrolle. https://www.kita-fachtexte.de/fileadmin/Redaktion/Publikationen/KiTaFT_Haug_Schnabel_II_Sauberkeitsentwicklung_2011.pdf (Zugriff am 25.2.2023).

Hebenstreit-Müller, S. & Hildebrandt, F. (Hrsg.) (2022): Denken lernen. Erkenntnisse und Anregungen zum Denken mit jungen Kindern aus Forschung und Praxis. Berlin: Was mit Kindern.

Hildebrandt, F. & Dreier, A. (2014): Was wäre, wenn …? Fragen, nachdenken und spekulieren im Kita-Alltag. Weimar, Berlin: verlag das netz.

Hoch, V. (2015): Die kindorientierte Gestaltung von Essenssituationen. https://www.kita-fachtexte.de/fileadmin/Redaktion/Publikationen/KiTaFT_Hoch_Essensituationen_2015_01.pdf (Zugriff am 25.2.2023).

Hohmann, K. (2021): Essen mit Freude. Entspannte Essensgestaltung. klein & groß, 5, 6–10.

Hörmann, K. (2014): Die Entwicklung der Fachkraft-Kind-Beziehung. https://www.kita-fachtexte.de/fileadmin/Redaktion/Publikationen/KiTaFT_hoermann_2014.pdf (Zugriff am 25.2.2023).

Hungerland, B. & Kelle, H. (2014): Kinder als Akteure – Agency und Kindheit. Einführung in den Themenschwerpunkt. Zeitschrift für Soziologie der Erziehung und Sozialisation, 34(3), 227–232.

Hüther, G. & Quarch, C. (2018): Rettet das Spiel! Weil Leben mehr als Funktionieren ist. München: btb.

Institut für den Situationsansatz/Fachstelle Kinderwelten (Hrsg.) (2016): Set: Inklusion in der Kitapraxis. Band 1–4. Berlin: Was mit Kindern.

Juul, J. (2011): Dein kompetentes Kind: Auf dem Weg zu einer neuen Wertgrundlage für die ganze Familie (6. Auflage). Reinbek bei Hamburg: Rowohlt.

Kleemiß, H. (2011): Rhythmus, Konstanz, Rituale und ihre Bedeutung für die pädagogische Arbeit mit Kindern in den ersten drei Lebensjahren. https://www.kita-fachtexte.de/fileadmin/Redaktion/Publikationen/FT_kleemissII_rhythmus_2011.pdf (Zugriff am 25.2.2023).

Kobelt Neuhaus, D., Macha, K. & Pesch, L. (2018): Der Situationsansatz in der Kita. Pädagogische Ansätze auf einen Blick. Freiburg: Verlag Herder.

Koné, G. & Macha, K. (2020): „Die Puppe sieht aus wie ich!" (Fehlende) Vielfalt in Spielmaterialien Anregungen für eine diskriminierungssensible Praxis. In: Mehringer, V. & Waburg, W. (Hrsg.): Spielzeug, Spiele und Spielen (S. 215–231). Wiesbaden: Springer VS. https://doi.org/10.1007/978-3-658-29933-0_12 (Zugriff am 25.2.2023).

Largo, R. H. (2018): Das passende Leben: Was unsere Individualität ausmacht und wie wir sie leben können (4. Auflage). Frankfurt am Main: Fischer.

Lindgren, A. (1977): Lotta kann fast alles. Hamburg: Oetinger Verlag.

Lindgren, A. & Törnqvist, M. (2000): Steine auf dem Küchenbord. Gedanken, Erinnerungen, Einfälle (28. Auflage). Hamburg: Oetinger.

Lipp-Peetz, C. (1998): Wie sieht's denn hier aus? Ein Konzept verändert Räume. Weinheim: Ravensburger.

Macha, K. (2022): Situationsansatz. socialnet Lexikon. https://www.socialnet.de/lexikon/Situationsansatz (Zugriff am 24.1.2023).

Macha, K. & Bielesza, A. (2018): „Wann sprichst du mit uns?" – das Recht der Kinder angehört zu werden. Betrifft Kinder, 05–06, 31–33.

Macha, K. & Hildebrandt, F. (2020): Wir müssen mittags nicht mehr schlafen! Veränderungsprozesse mit Kindern in der Kita gestalten. Berlin: Was mit Kindern.

Macha, K., Hildebrandt, F., Wronski, C., Lonnemann, J. & Urban, M. (in Vorbereitung): Making it explicit – Sustained shared thinking dialogue as a method to explore children's perspectives on quality.

Macha, K., Urban, M., Lonnemann, J., Wronski, C. & Hildebrandt, F. (in Vorbereitung): Children's perspectives on quality in ECEC as a specific form of participation.

Nentwig-Gesemann, I. & Maywald, J. (2020): Partizipation und Kinderrechte. Frühe Bildung, 9(1), 1–2. https://doi.org/10.1026/2191-9186/a000460 (Zugriff am 25.2.2023).

Nentwig-Gesemann, I., Walther, B., Bakels, E. & Munk, L.-M. (2021): Kinder als Akteure in Qualitätsentwicklung und Forschung. Eine rekonstruktive Studie zu KiTa-Qualität aus der Perspektive von Kindern. https://doi.org/10.11586/2020078 (Zugriff am 25.2.2023).

Nentwig-Gesemann, I., Walther, B. & Thedinga, M. (2017): Kita-Qualität aus Kindersicht. Eine Studie des DESI-Instituts im Auftrag der Deutschen Kinder- und Jugendstiftung. Berlin: Deutsche Kinder- und Jugendstiftung.

Pfreundner, M. (2021): Resilienz. Themenkarten für Teamarbeit, Elternabende und Seminare (2. Auflage). München: Don Bosco.

Preissing, C. & Heller, E. (Hrsg.) (2009): Qualität im Situationsansatz. Qualitätskriterien und Materialien für die Qualitätsentwicklung in Kindertageseinrichtungen (4. Auflage): Berlin: Cornelsen.

Preissing, C. & Schneider, B. (2009): Bildung für Berlin. Empfehlungen für die Weiterentwicklung der Kita-Konzeption auf der Grundlage des Berliner Bildungsprogramms. http://bekiqualitaet.de/media/pages/qualitatsentwicklung-und-evaluation/konzeptionsentwicklung/bb8f29ec4b-1633523593/beki-empfehlungen-fur-die-weiterentwicklung-der-kita-konzeption-auf-grundlage-des-bbp-2010.pdf (Zugriff am 25.2.2023).

Remsperger, R. (2011): Sensitive Responsivität. Zur Qualität pädagogischen Handelns im Kindergarten. Wiesbaden: VS Verlag für Sozialwissenschaften.

Remsperger, R. (2013): Das Konzept der Sensitiven Responsivität. Ein Ansatz zur Analyse des pädagogischen Antwortverhaltens in der ErzieherInnen-Kind-Interaktion. Frühe Bildung, 2(1), 12–19. https://doi.org/10.1026/2191-9186/a000072 (Zugriff am 25.2.2023).

Renz-Polster, H. (2017): Kinderschlaf in Einrichtungen. Ein bedürfnisorientierter Leitfaden. Theorie und Praxis der Sozialpädagogik (TPS), 02, 4–9.

Ribeiro, K. (2019): Konflikte in der Kita – Warum streiten so wichtig ist. Das Kita-Handbuch. https://www.kindergartenpaedagogik.de/fachartikel/bildungsbereiche-erziehungsfelder/soziale-und-emotionale-erziehung-persoenlichkeitsbildung/konflikte-in-der-kita-warum-streiten-so-wichtig-ist/ (Zugriff am 25.2.2023).

Ries-Schemainda, G. (2022): Alles zurück an seinen Platz! Aufräumen mit Kindern. kindergarten heute, 52(9), 16–20.

Ries-Schemainda, G. & Wagner, P. (2018): Eigensinnige Bildungswege. Welt des Kindes, 6, 16–17.

Ryan, R. M., Deci, E. L., Grolnick, W. S. & La Guardia, J. G. (2015): The Significance of Autonomy and Autonomy Support in Psychological Development and Psychopathology. In: Cicchetti, D. & Cohen, D. J. (Hrsg.): Developmental Psychopathology (S. 795–849). New York u. a.: Wiley. https://doi.org/10.1002/9780470939383.ch20 (Zugriff am 25.2.2023).

Schäfer, G. E. (2018): Kultur des Lernens – Theoretische Grundlagen. https://www.kita-fachtexte.de/fileadmin/Redaktion/Publikationen/KiTaFT_Schaefer_II_2018-Kulturderlernens_theoretischeGrundlagen.pdf (Zugriff am 25.2.2023).

Schäfer, G. E. & Alemzadeh, M. (2012): Wahrnehmendes Beobachten. Beobachtung und Dokumentation am Beispiel der Lernwerkstatt Natur. Weimar, Berlin: verlag das netz.

Senatsverwaltung für Bildung, Jugend und Wissenschaft Berlin (Hrsg.) (2018): Berliner Bildungsprogramm für Kitas und Kindertagespflege. Weimar, Berlin: verlag das netz.

Siraj-Blatchford, I., Sylva, K., Muttock, S., Gilden, R. & Bell, D. (Hrsg.) (2002): Researching effective pedagogy in the early years (Research Report). London: Department for Education and Skills.

Stamer-Brandt, P. (2018): Projektarbeit in der Kita. Mit Checklisten und Kopiervorlagen. Freiburg: Verlag Herder.

Thiersch, H. (2020): Lebensweltorientierte Soziale Arbeit – revisited. Weinheim, Basel: Beltz Juventa.

Tietze, W., Becker-Stoll, F., Bensel, J., Haug-Schnabel, G., Kalicki, B., Keller, H. & Leyendecker, B. (2015): NUBBEK – Nationale Untersuchung zur Bildung, Betreuung und Erziehung in der frühen Kindheit. GESIS Datenarchiv. https://doi.org/10.4232/1.11957 (Zugriff am 25.2.2023).

Toyka-Seid, C. & Schneider, G. (o. J.): Sozialisation. Hanisauland. https://www.hanisauland.de/node/2414 (Zugriff am 25.2.2023).

United Nations (1989): Convention on the Rights of the Child. https://www.unicef.org.uk/wp-content/uploads/2016/08/unicef-convention-rights-child-uncrc.pdf (Zugriff am 25.2.2023).

Weltzien, D. (2011): Gesprächsführung und Gesprächssetting. https://www.kita-fachtexte.de/fileadmin/Redaktion/Publikationen/KiTaFT_WeltzienII_OV.pdf (Zugriff am 25.2.2023).

Wildgruber, A., Wertfein, M., Wirts, C., Kammermeier, M. & Danay, E. (2016): Situative Unterschiede der Interaktionsqualität im Verlauf des Kindergartenalltags. Frühe Bildung, 5(4), 206–213. https://doi.org/10.1026/2191-9186/a000283 (Zugriff am 25.2.2023).

Zimmer, J. (2006): Das kleine Handbuch zum Situationsansatz (2. Auflage). Weinheim, Basel: Beltz.